RYAN HOLIDAY

OBSTACOLUL ESTE CALEA

arta străveche de a transforma încercările în reușite

Traducere din limba engleză de
Dragoș Tudor

Editura Seneca

Titlu original: THE OBSTACLE IS THE WAY de Ryan Holiday
First published in Great Britain in 2014 by Profile Books LTD
First published in USA in 2014 by Portfolio/Penguin

Redactor: Ștefania Oprina

Corector: Elena Bițu
Ilustrații și copertă: Sasha Staicu
Machetare: Mariana Răbîncă
Coordonator: Anastasia Staicu

Descrierea CIP a Bibliotecii Naţionale a României
HOLIDAY, RYAN
Obstacolul este calea / Ryan Holiday;
traducere din limba engleză: Dragoș Tudor;
Conţine bibliografie

ISBN 978-973-87702-2-5

I. Tudor, Dragoș (trad.)

Tipar: Imprimeria Arta Grafică

prefață

Într-o noapte a anului 170, Marcus Aurelius scria în cortul lui aflat în prima linie a frontului din Germania. Sau poate se întâmpla înainte de ivirea zorilor și era în palatul lui imperial din Roma. Sau poate că acest lucru se întâmpla în câteva secunde furate în timpul jocurilor, pentru a-și abate privirea de la carnagiul care avea loc pe arena Colosseumului. Locul exact nu este important. Ceea ce contează este doar că omul, cunoscut azi drept ultimul dintre cei Cinci Împărați Buni ai imperiului Roman, scria.

Nu scria pentru public, ci către sine, **pentru** sine. Iar ceea ce a scris reprezintă, fără nicio îndoială, una dintre formulele cele mai eficiente pentru a putea depăși orice situație negativă pe care o întâlnim în viață. O formulă pentru a prospera nu doar în ciuda a orice ni se întâmplă, ci tocmai **datorită** acestor obstacole.

Cert este că, la acel moment, a scris un singur paragraf. Doar o parte din acesta era strict original. Aproape fiecare gând din acel text putea fi găsit, într-o formă sau alta, în textele mentorilor lui sau în povețele zeilor. Numai că, într-un fragment aproape insignifiant, de 85 de cuvinte, Marcus Aurelius definește și demonstrează atât de limpede o idee ancestrală, încât pune în umbră toate marile personalități care l-au precedat, printre care: Chryssipus, Zenon, Cleanthes, Ariston, Apollonius, Iunius, Rusticus, Epictet, Seneca, Musonius Rufus. E mai mult decât suficient pentru noi.

Acțiunile noastre pot fi zădărnicite... dar nu poate exista nicio opreliște în calea planurilor sau a rânduielilor noastre. Pentru că ne putem adapta și acomoda mereu. Mintea se adaptează și transformă în propriul ei interes obstacolele din activitatea noastră.

Iar apoi încheie prin cuvinte puternice, făcute, parcă, pentru a deveni citate.

Impedimentul într-o activitate duce mai departe activitatea. Ceea ce ne stă în cale devine chiar calea de urmat.

În cuvintele lui Marcus Aurelius este secretul Artei de *a inversa* înțelesul obstacolelor. De a acționa printr-o clauză inversă, pentru că există întotdeauna o cale de a ieși dintr-o dificultate, ori un drum care să te scoată acolo unde vrei să ajungi. De aceea, pașii înapoi sau problemele ni se întâmplă tot timpul, dar nu sunt niciodată permanente. Având conștiința acestui fapt, știm că ce ne stă în cale este tocmai ce ne poate face mai puternici.

Venind din partea acestui om anume, cuvintele de mai sus nu sunt simple vorbe. În regimul pe care l-a păstorit timp de aproape nouăsprezece ani, a avut de trecut printr-un război aproape continuu, de înfruntat o ciumă teribilă, apoi spectrul infidelității, o lovitură de stat dată de chiar unul dintre cei mai apropiați aliați, numeroase călătorii obositoare de-a lungul și de-a latul imperiului – din Asia Minor în Siria, Egipt, Grecia și Austria – o visterie care s-a golit rapid, un frate vitreg lacom și nevrednic pentru calitatea de asociat la conducerea imperiului și multe alte asemenea.

Din câte știm, Marcus Aurelius chiar a văzut în fiecare dintre aceste obstacole oportunități de a exersa câte o virtute: răbdarea, curajul, smerenia, ingeniozitatea, rațiunea, justiția, creativitatea. Puterea absolută pe care a deținut-o atât de mult timp nu pare să i se fi urcat la cap – și nici stresul sau dificultățile nu par să-l fi afectat. Rar a făcut excese sau s-a mâniat, dar sigur niciodată nu a apelat la ură și nu s-a lăsat pradă deznădejdii. Așa cum eseistul Matthew Arnold remarca în 1863, în Marcus Aurelius descoperim o persoană care a deținut cea mai înaltă și mai puternică poziție ierarhică din întreaga lume, iar verdictul unanim al celor ce i-au stat alături a fost că s-a ridicat pe deplin la măreția ei.

Putem urmări efectele înțelepciunii acelui mic pasaj din Marcus Aurelius și la alte persoane, bărbați și femei deopotrivă, care l-au asumat, așa cum a făcut și el. De fapt, această povață este o constantă remarcabilă care a străbătut secolele.

Putem vedea firul roșu al ei pornind în zilele de început ale declinului și decăderii Imperiului Roman, ajungând la valul creativ al Renașterii și până în zorii Iluminismului. Este de constatat limpede și în spiritul pionierilor din Vestul Americii, în perseverența cu care a fost urmărită ideea unionistă în timpul Războiului Civil, iar apoi în forfota Revoluției Industriale. Apare în eroismul liderilor mișcării pentru drepturile civile, dar și în statura demnă a prizonierilor aflați în închisorile din Vietnam. Astăzi ea face parte din ADN-ul antreprenorilor din Silicon Valley.

Această abordare filozofică este forța îndrumătoare a persoanelor care s-au realizat prin forțe proprii și reprezintă pârghia celor aflați în poziții de mare răspundere sau foarte problematice. Pe câmpul de luptă sau în sala de consiliu, de-a lungul oceanelor și a secolelor, membrii oricărui grup, sau gen, din orice clase sociale, servind orice cauze sau făcând afaceri, au avut de înfruntat obstacole și s-au străduit să le depășească – învățând cum să le răstoarne în favoarea lor.

Această luptă este singura constantă a vieții lor. Conștienți de asta sau nu, fiecare dintre ei a fost parte a unei tradiții străvechi, care i-a adunat pe terenul secular al oportunităților și dificultăților, încercărilor și izbândelor.

Suntem succesorii de drept ai acestei tradiții. Este dreptul nostru dobândit prin naștere. Orice am înfrunta, trebuie să alegem: vom fi blocați de obstacole, sau vom trece de ele și prin ele?

Poate că nu suntem împărați, dar întreaga lume ne pune la încercare. Faci față? Poți trece peste lucrurile care se prăbușesc, inevitabil, în fața ta? Te vei ridica și ne vei arăta ce ești în stare să faci?

Numeroși oameni au răspuns afirmativ acestor întrebări. Ceva mai puțini au demonstrat nu doar că au ceea ce le trebuie, ci și că înfloresc și se dezvoltă prin fiecare asemenea provocare. Că provocările le sunt mai de folos decât situațiile în care nu ar fi avut de înfruntat nicio problemă.

Acum este rândul tău să vezi dacă ești unul dintre ei, dacă vrei să li te alături.

Această carte îți arată calea.

introducere

Acest lucru se află în fața ta. Această situație. Acest obstacol – această frustrare nefericită, problematică, această neașteptată problemă care te ține în loc de la ceea ce aveai de făcut. Este genul de lucru pe care nu îți dorești să se întâmple niciodată. Dar dacă, totuși, nu ar fi chiar atât de rău?

Dacă în interiorul lui sau odată cu el ar apărea și unele beneficii – beneficii doar pentru tine? Ce ai face? Ce crezi că ar face majoritatea oamenilor?

Probabil ar face ceea ce au făcut mereu și ceea ce faci și tu acum: adică nimic.

Să fim sinceri: cei mai mulți suntem paralizați. Orice scopuri am avea în viață, majoritatea dintre noi stăm neclintiți în fața multora dintre obstacolele care ne apar în cale.

Ne-am dori să nu fie adevărat, dar este.

Și este limpede ce ne blochează. La nivel de sistem: dezarticularea instituțiilor, creșterea șomajului, costurile enorme ale educației, clivajul tehnologic. La nivel individual: că suntem prea scuzi, prea bătrâni, prea speriați, prea săraci, prea stresați, că nu avem acces unde ne-am dori, că nu ne susține nimeni, că suntem lipsiți de încredere. Cât de bine ne pricepem să detaliem lucrurile care ne stau în drum!

Fiecare obstacol este unic pentru fiecare dintre noi. Numai că soluțiile pe care le avem de oferit sunt cam la fel: Teamă. Frustrare. Confuzie. Neputință. Deprimare. Furie.

Știm ce am avea de făcut, dar pare că un inamic invizibil ne-a imobilizat, țintuindu-ne pe loc. Încercăm să o apucăm într-o direcție, dar, de fiecare dată, ceva pare să ne blocheze calea, urmărind orice mișcare am face. Avem destulă libertate cât să simțim că ne putem mișca; atât cât să simțim că este vina noastră pentru că nu am depășit acea barieră sau că nu am fructificat o oportunitate.

Ne plângem de slujba pe care o avem, de relații, de locul nostru în lume. Încercăm să ajungem undeva, numai că ceva ne stă mereu în cale.

De aceea nu facem nimic.

Dăm vina pe șef, pe economie, pe oamenii politici, pe alți oameni, sau ne acceptăm ușor eșecurile și considerăm că țelurile pe care ni le-am propus nu pot fi atinse. De fapt, doar un lucru este cu adevărat greșit: atitudinea pe care o avem, abordarea situației.

Există o infinitate de cursuri (și de cărți) despre cum să ajungi la succes, însă niciuna nu ne învață cum să depășim un eșec, cum să vedem obstacolele, cum să le tratăm și cum să triumfăm în fața lor, așa că rămânem blocați. Asaltați din toate direcțiile, mulți dintre noi suntem dezorientați și răspundem doar la stimuli externi. Nu avem nicio idee despre ce ar trebui să facem.

Pe de altă parte, nu chiar toți rămânem paralizați. Ne uităm cu venerație cum unii par să transforme într-un fel de rampe de lansare pentru ei înșiși tocmai genul de obstacole care pe noi de îngenunchează. Cum fac asta? Care este secretul?

Chiar și mai ciudat, generațiile anterioare au avut de înfruntat probleme mai grave, având la dispoziție mai puține metode de a le rezolva și mai puține plase de salvare în caz de pericol. Acele generații au avut de luptat cam cu aceleași obstacole pe care le avem și noi, dar, în *plus*, au încercat din greu să le elimine și pe cele ale copiilor, sau ale altora. Și, cu toate acestea... noi încă suntem blocați.

Ce au avut ei, iar noi nu avem? Ce ne scapă? Este simplu: o metodă și un cadru pentru a înțelege, a aprecia și a acționa împotriva obstacolelor pe care viața ni le scoate în cale.

John D. Rockefeller a găsit soluția – la el asta presupunea auto-disciplină și gândire rece. Pentru Demostene, marele orator atenian, a însemnat o cursă neobosită pentru a-și îmbunătăți calitățile prin acțiune și practică. Abraham Lincoln s-a bazat pe modestie, rezistență și compasiune.

Sunt și alte nume pe care le veți tot regăsi pe parcursul acestei lecturi: Ulysses S. Grant, Thomas Edison, Margaret Thatcher, Samuel Zemurray, Amelia Earhart, Erwin Rommel, Dwight D. Eisenhower, Richard Wright, Jack Johnson, Theodore Roosevelt, Steve Jobs, James Stockdale, Laura Ingalls Wilder, Barack Obama.

Unele dintre aceste persoane au avut de depășit orori inimaginabile, de la închisoare până la boli mintale, la care se adăugau frustrările zilnice, care nu difereau prea mult de ale noastre. Și aceștia au avut de-a face cu dușmănii, cu turbulențe politice, cu drame, rezistență la schimbare, conservatorism, despărțiri, stres, calamități economice. Ba chiar mai rău.

Victime ale acestor presiuni, aceste persoane s-au transformat. S-au transformat în conformitate cu ceea ce Andy Grove, fost CEO la Intel, numea, atunci când se referea la ceea ce se întâmplă cu afacerile în vremuri tumultuoase: „Companiile proaste sunt distruse de criză. Companiile bune supraviețuiesc. Marile companii ies mai bune“.

Personalitățile, precum și companiile mari, găsesc o cale de a transforma slăbiciunea în putere. Este chiar uimitor și aproape emoționant. Iau acel ceva care ar trebui să îi țină blocați – ceea ce te ține și pe tine blocat chiar acum – și se folosesc de acest lucru pentru a merge mai departe.

De aceea se pare că există un lucru comun pe care îl au toate personalitățile istorice. Precum oxigenul pentru un foc, obstacolele devin combustibil care ațâță vâlvătaia ambiției lor. Nimic nu îi poate opri, au fost și vor continua să fie imposibil de descurajat sau de oprit. Orice impediment venit să le transforme totul în infern le va face flacăra propriului succes și mai mare.

Acestea sunt persoane care au întors obstacolele cu capul în jos. Care au trăit după preceptele lui Marcus Aurelius și ale unui grup al **adevăraților filozofi** cum îi numea Cicero – stoicii antici – chiar dacă ei nici măcar nu îi citiseră*. Aceste persoane au abilitatea de a vedea obstacolele exact așa cum sunt, au ingeniozitate în a le aborda și voința de a îndura ceva care este, pentru mulți dintre noi, dincolo de înțelegere și de control.

Să fim sinceri. În cea mai mare parte a timpului nu ne aflăm în situații oribile, pe care pur și simplu trebuie să le

---

* Cred că Stoicismul este o filozofie profundă și importantă. De asemenea, înțeleg că trăim într-o lume reală, acum și aici, și nu există timp pentru lecturi istorice. Ceea ce vă doriți sunt strategii funcționale care să vă ajute în rezolvarea problemelor, prin urmare cartea va ține cont de asta. Dacă aveți nevoie de surse suplimentare de informare sau recomandări de lecturi ale stoicilor, le-am reunit pe toate într-o listă la finalul volumului.

îndurăm. Mai degrabă avem de înfruntat mici dezavantaje, sau ne blocăm în contexte mai puțin avantajoase. Sau încercăm să realizăm ceva cu adevărat dificil și ne trezim suprasolicitați, depășiți de situație sau lipsiți de idei. Și în aceste cazuri se aplică aceeași regulă. Schimbă situația. Găsește beneficii în ea. Folosește-o ca pe un combustibil.

Este simplu. Simplu, dar, desigur, nu ușor.

Cartea aceasta nu este despre exuberanță, despre optimism debordant. Nu este o carte care te învață să negi situațiile neplăcute sau să întorci și celălalt obraz atunci când ai fost complet distrus. Nu vom prezenta vorbe mieroase sau proverbe drăguțe, dar lipsite de orice urmă de eficiență.

De asemenea, nu este un studiu academic despre istoria Stoicismului. Există deja numeroase asemenea studii, multe scrise de cei mai inteligenți și mai mari gânditori ai lumii. Nu are rost să rescriem ceea ce a fost deja scris – cine vrea să afle va merge direct la original. Nicio altă scriere filozofică nu este mai accesibilă decât cea a stoicilor. Pare că învățăturile lor au fost redactate anul trecut, nu cu două milenii în urmă.

Eu am încercat să fac tot posibilul să reunesc, să înțeleg și acum să public învățăturile și trucurile lor. Filozofii antici nu țineau prea mult la originalitate și la dreptul de autor – toți scriitorii s-au străduit să traducă și să explice înțelepciunea anticilor așa cum ne-a parvenit ea din cărți, jurnale, cântece, poeme și povești. Toate aceste învățături au fost rafinate în creuzetul experiențelor umane de-a lungul a mii de ani.

Cartea noastră împărtășește înțelepciunea colectivă pentru a te ajuta să realizezi un scop foarte clar și tot mai urgent, pe care îl avem cam toți: depășirea obstacolelor.

A obstacolelor mintale. A celor emoționale. A obstacolelor percepute de fiecare dintre noi.

Ne confruntăm cu ele zilnic, iar societatea noastră este paralizată de ele. Dacă acest volum reușește să te facă să le înfrunți și să le depășești puțin mai ușor, va fi un rezultat suficient de bun. Dar intenția mea este chiar mai ambițioasă. Vreau să îți arăt o cale prin care să transformi obstacolele în *avantaje*.

De aceea această carte va fi una a pragmatismului crud și a unor povești reale care ilustrează arta stăruinței neobosite și a ingeniozității fără limite. Te va învăța cum să nu te simți blocat, ruinat, îngrădit. Cum să transformi multe din situațiile negative pe care le întâlnim adesea, în contexte pozitive – sau, cel puțin, cum să tragi un oarecare beneficiu din ele. Să furi ceva noroc dintr-un ghinion.

Nu e vorba doar despre *Cum aș putea să gândesc* că această situație nu e așa de rea? Nu, este despre cum să îți dorești să vezi că o situație trebuie să fie bună – să o vezi ca pe o oportunitate de a câștiga teren, de a înainta, de a merge spre o direcție nouă. Nu vorbim despre ideea de „a fi pozitiv“, ci de a învăța să fii oportunist și creativ.

Nu: *Situația nu e așa de rea.*

Ci: *O pot transforma în ceva bun.*

Și asta pentru că se poate. De fapt, acest lucru s-a mai realizat și încă se realizează. În fiecare zi. Aceasta este puterea pe care vrem să o deblocăm prin prezentul volum.

Obstacolul care se află în fața noastră

Există o veche poveste zen despre un rege ai cărui supuși erau cam lipsiți de vlagă și considerau că totul li se cuvine.

Nemulțumit de această stare de fapt, a încercat să le dea o lecție. Planul lui era simplu: va amplasa un mare bolovan în mijlocul drumului principal, blocând cu totul intrarea în oraș. Apoi s-a ascuns în apropiere pentru a le observa comportamentul.

Cum vor răspunde? Vor colabora pentru a înlătura bolovanul? Vor fi descurajați și se vor întoarce fiecare la casa lui?

Cu mare dezamăgire, regele a văzut cum om după om a venit, a observat impedimentul și s-a întors fără să facă nimic. În cel mai bun caz a încercat câte ceva de unul singur, fără nicio tragere de inimă, înainte de a renunța complet. Mulți dintre ei s-au plâns în gura mare sau au înjurat regele și soarta, dar nimeni nu a reușit să facă ceva concret pentru a schimba situația.

După câteva zile, un țăran singuratic se întorcea în localitate. Nu a făcut cale întoarsă. S-a tot străduit și s-a străduit, încercând să înlăture bolovanul din drum. Apoi i-a venit o idee: s-a aventurat în pădurea din apropiere pentru a găsi ceva pe post de levier. În cele din urmă a adus o cracă mare, pe care a curățat-o și a folosit-o pentru dislocarea stâncii.

Sub bolovan se afla o pungă cu monede de aur și un bilet, în care regele scrisese:

> *„Obstacolul din drum devine chiar drum. Să nu uiți niciodată, în fiecare obstacol este o șansă de a ne îmbunătăți condiția.“*

Ce te reține în general?
Fizic? Mărimea. Rasa. Distanța. Dizabilitatea. Banii.

Mental? Teama. Incertitudinea. Lipsa de experiență. Prejudecata.

Probabil oamenii nu te iau în serios. Sau crezi că ești prea bătrân. Sau ai mai puțin ajutor decât e nevoie și resursele sunt limitate. Poate că legile și regulamentele îți restrâng opțiunile. Sau, poate, obligațiile te rețin. Sau, poate, obiectivele sunt greșite sau te macină neîncrederea.

Orice ar fi, cam aici te afli. Aici ne aflăm cu toții.

Și...

Există obstacole. Înțeleg. Nimeni nu neagă asta.

Dar să ai în minte lista celor care au fost înaintea ta. Sportivi prea scunzi. Piloți cu probleme de vedere. Visători aflați cu mult înaintea timpului în care au trăit. Membrii ai unei rase sau a alteia. Abandonați ai sorții sau paralitici. Copii din flori, imigranți, îmbogățiți peste noapte, încăpățânați, credincioși sau visători. Sau cei care au apărut de nicăieri sau, mai rău, din locuri în care existența lor era amenințată în fiecare moment. Ce s-a întâmplat cu toți aceștia?

Ei, mulți dintre ei au cedat. Dar câțiva nu au făcut-o. S-au străduit mai mult. Au căutat căi mai scurte sau puncte slabe. Au găsit aliați în mulțimi neprietenoase. Totul a fost pentru ei un obstacol pe care trebuiau să-l întoarcă cu capul în jos.

Și?

În aceste obstacole era și o șansă. Au văzut-o. Au făcut ceva special pentru asta. Putem să învățăm ceva de la ei.

Fie că avem probleme în a ne găsi o slujbă, în a lupta împotriva discriminării, din cauza banilor, a unei relații dificile, din cauza unui angajat sau student care nu se ține de treabă, sau pentru că suntem în mijlocul unei lipse de inspirație – trebuie să știm că există o cale de a ieși din asta. Când avem de înfruntat o dificultate, o putem transforma în avantaj, conform modelului celor menționați mai sus.

Toate marile victorii, fie că ele sunt în politică, afaceri, arte sau viață sentimentală au presupus soluționarea unor probleme deranjante printr-un cocktail de creativitate, atenție și îndrăzneală. Când ai un scop, obstacolele te învață, de fapt, cum să ajungi unde vrei să ajungi – îți schițează un drum. Nevoia te învață, scria Benjamin Franklin.

Azi, majoritatea obstacolelor sunt interne, nu externe. De la al Doilea Război Mondial încoace trăim cea mai prosperă perioadă din istorie. Sunt mai puține armate de înfruntat, mai puține maladii fatale și mult mai multe plase de siguranță sub noi. Dar, cu toate astea, lumea nu se comportă exact așa cum ne dorim noi.

În locul unor dușmani avem tensiuni interne. Avem frustrări profesionale. Avem așteptări neîmplinite. Ne-am obișnuit cu ideea de neputință. Și avem, în continuare, emoțiile copleșitoare pe care oamenii le-au avut mereu: durere, suferință, sentimentul de pierdere.

Multe dintre problemele noastre vin din faptul că avem prea mult: schisma tehnologiilor rapide, junk-food, tradiții care ne impun cum să ne trăim viața. Suntem molateci, considerăm că totul ni se cuvine și suntem speriați de ideea de conflict. Epocile bune ne pun pe tânjeală. Abundența poate fi propriul ei obstacol, așa cum o pot confirma mulți oameni.

Generația noastră are nevoie mai mult decât oricând de o abordare clară pentru a face față piedicilor și haosului. Una care să internalizeze mental problemele și să le găsească soluții geniale. O abordare flexibilă care să se potrivească oricui: antrenor, antreprenor, artist, cuceritor sau scriitor în devenire.

Drumul prin ele

Judecată obiectivă, acum, în clipa asta.
Acțiune altruistă, chiar în acest moment.
Putere de acceptare – în acest moment – pentru toate evenimentele exterioare nouă.
Asta este tot ce îți trebuie.

MARCUS AURELIUS

Depășirea obstacolelor este o disciplină în trei pași decisivi.

Începe prin cum privim anumite probleme, atitudinea sau abordarea noastră; apoi energia și creativitatea prin care le punem la pământ și le transformăm în șanse; și ultimul pas – cultivarea și menținerea unui interior care să ne permită să manevrăm înfrângerea și dificultatea.

Sunt trei discipline interdependente, interconectate:

I. *Percepția*
II. *Acțiunea*
III. *Voința*.

Este un proces simplu (dar, încă o dată, niciodată ușor).

Vom urmări utilizarea acestui proces de practicieni în literatură, istorie sau mediu de afaceri. Pe măsură ce ne vom uita la anumite exemple, privind fiecare etapă din multiple unghiuri, vom învăța cum să utilizăm această atitudine și să preluăm din ingeniozitatea ei și, făcând asta, descoperim cum să creăm noi breșe oricând ni se închide o ușă în față.

Din poveștile celor care practică această metodă vom învăța cum să facem față obstacolelor obișnuite – fie că suntem blocați în ele, fie că nu le putem depăși, genul de obstacole care au afectat oamenii de-a lungul istoriei – și cum să aplicăm soluții pentru dificultățile care apar în viața noastră. Pentru că nu trebuie doar să ne așteptăm să avem obstacole, ci să le și acceptăm.

Acceptăm?

Da, pentru că aceste obstacole sunt, de fapt, oportunități prin care ne testăm, prin care încercăm lucruri noi și, în cele din urmă, triumfăm.

Obstacolul este calea.

I

percepția

Ce este percepția?
Este modul în care noi vedem și înțelegem ceea ce se întâmplă în jurul nostru – și ceea ce decidem că semnifică aceste evenimente. Percepția noastră poate fi o sursă de putere sau de mare slăbiciune. Dacă suntem emoționali, subiectivi și fără o viziune de ansamblu asupra lucrurilor, facem ca problemele noastre să fie mai numeroase. Pentru a evita să fim copleșiți de lumea din jurul nostru trebuie, așa cum făceau și anticii, să învățăm cum anume să ne limităm dorințele și controlul pe care cei din jur îl au asupra vieților noastre. E nevoie de pricepere și de disciplină pentru a înlătura toate problemele cauzate de o percepție greșită, pentru a separa semnele utile de cele înșelătoare, pentru a filtra prejudecățile, așteptările și teama. Dar merită să facem asta, pentru că ceea ce rămâne la final este *adevărul*. În timp ce unii vor fi nervoși sau temători, noi vom rămâne calmi și imperturbabili. Vom vedea lucrurile simplu și direct, așa cum sunt de fapt – nici bune, nici rele. Acesta va fi un avantaj incredibil pe care îl vom avea în lupta cu obstacolele.

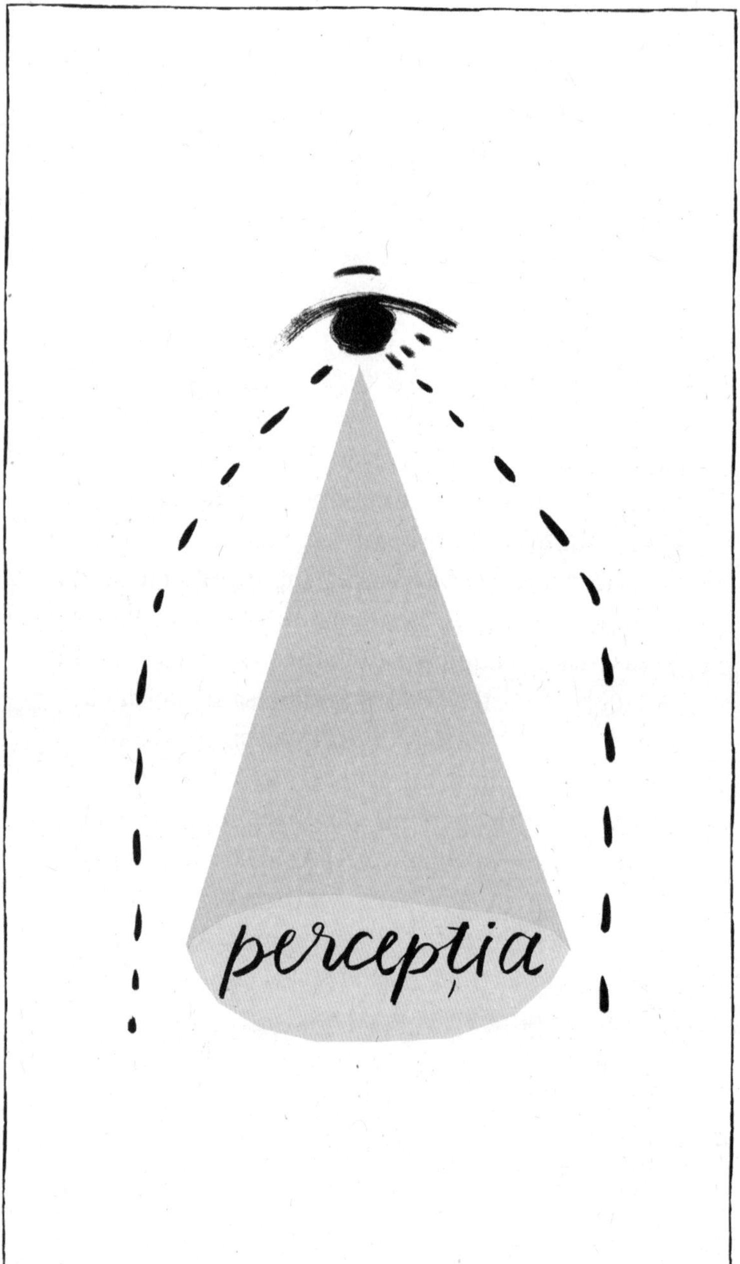
percepția

Disciplina percepției

Înainte de a fi petrolist, John D. Rockefeller era contabil și investitor în devenire – finanțator de ocazie în Cleveland, Ohio. Fiu al unui criminal alcoolic care își părăsise familia, tânărul Rockefeller a avut prima slujbă în 1855, la vârsta de 16 ani (un moment pe care îl va aniversa toată viața ca pe „Ziua Muncii").

Brusc a lovit Criza. Mai precis Panica financiară din 1857, o criză generalizată, care a avut originea în Ohio și a afectat mai cu seamă Cleveland. Cum mai toate afacerile au falimentat, iar prețul grâului a scăzut în toată țara, expansiunea spre vest a stagnat rapid. Rezultatul direct a fost o recesiune cruntă, care a durat ani buni.

Rockefeller ar fi putut să se sperie. Era cea mai mare criză din istorie și l-a afectat când abia începuse să stăpânească mersul lucrurilor. Ar fi putut să întoarcă spatele la tot și să plece, precum făcuse tatăl lui. Ar fi putut să renunțe la domeniul financiar în favoarea unei profesii mai puțin riscante. Numai că, deși era tânăr, Rockefeller a avut sânge rece: un echilibru imperturbabil în mijlocul unei situații stresante. A putut ține capul sus, în timp ce lucrurile pentru el mergeau în jos, și a putut să-și păstreze firea când toți ceilalți își pierdeau cu totul discernământul.

Și uite așa, în loc să-și plângă de milă din cauza situației economice, Rockefeller a observat cu rapiditate oportunitățile momentului. Aproape în ciuda evidenței, a ales să vadă lucrurile ca pe o șansă de a învăța, ca pe un botez al pieței.

Și-a economisit banii cumpătat și a observat greșelile celorlalți. A văzut slăbiciunile din economie pe care unii își sprijiniseră în totalitate planurile de afaceri, ceea ce i-a lăsat fără apărare când a apărut criza.

A învățat o lecție importantă, pe care o va ține minte toată viața: piața este, prin natura ei, imprevizibilă și adesea problematică – doar o minte rațională și disciplinată poate spera să tragă profit de pe urma ei. A înțeles, atunci, că speculația duce la dezastru, ceea ce îl va face să ignore întotdeauna „mulțimea nebună" și preferințele acesteia.

Rockefeller a început să se folosească imediat de aceste concluzii. La vârsta de 25 de ani, un grup de oameni de afaceri i-a oferit posibilitatea de a investi circa 500 000 de dolari după bunul-plac, dacă va găsi niște zăcăminte de petrol profitabile. Recunoscător pentru această șansă, Rockefeller a decis să facă un tur al câmpurilor petroliere din zonă. În câteva zile s-a întors la Cleveland și i-a șocat pe investitori, venind cu mâinile goale, fără să fi cheltuit sau să fi investit vreun dolar din bugetul alocat. Opțiunile nu i s-au părut promițătoare atunci, chiar dacă cei din piață păreau entuziasmați de situațiile existente – așa că a înapoiat banii și s-a ținut departe de domeniul forajelor.

Autodisciplina și obiectivitatea erau caracteristicile la care ținea cel mai mult și ele i-au permis lui Rockefeller să depășească fiecare obstacol care i-a apărut în cale, precum Războiul Civil sau crizele economice din 1873, 1907 și 1929. Așa cum a mărturisit la un moment dat, era dispus să vadă o oportunitate în orice dezastru. La asta am putea să adăugăm: avea puterea de a rezista tentațiilor sau euforiei de moment, indiferent de cât de seducătoare ar fi fost acestea, indiferent de împrejurare.

La 20 de ani de la acea criză, Rockefeller avea să dețină, de unul singur, controlul asupra a 90% din piața țițeiului. Competitorii lui lacomi dispăruseră. Colegii lui temători îi vânduseră acțiunile și își părăsiseră afacerile. Cei care îl considerau slab de inimă dispăruseră la rândul lor.

În tot restul vieții, cu cât haosul era mai mare, cu atât Rockefeller devenea mai liniștit, mai ales atunci când cei din jurul lui erau fie panicați, fie lacomi. Cea mai mare parte din avere a obținut-o exact în aceste perioade de fluctuații ale pieței – pentru că vedea ceea ce alții nu puteau să vadă. Ideea aceasta se regăsește într-un citat care îi aparține lui Warren Buffett: „Fii cumpătat când ceilalți sunt lacomi și lacom când ceilalți sunt temători". Rockefeller, ca și alți mari investitori, putea rezista impulsului de moment în favoarea unei rațiuni reci, profunde.

Un analist, lăudând imperiul lui Rockefeller, descria trustul Standard Oil drept „o creatură mitică proteică" capabilă de a se metamorfoza la orice încercare a concurenților sau a guvernului de a o distruge. Era un fel de critică, dar sugerează foarte bine caracteristici ale personalității lui Rockefeller: flexibilitate, adaptabilitate, calm, genialitate. Nu putea fi afectat de nimic – nici de crizele economice, nici de mirajul strălucitor al falselor oportunități, nici de adversarii agresivi, nici măcar de procurorii federali (pentru care el reprezenta o mare bătaie de cap, atunci când venea vorba de demonstrarea unor vinovății).

S-a născut astfel? Nu. Acesta este un comportament dobândit. Iar Rockefeller a învățat această lecție undeva în zona disciplinei. A început prin criza din 1857, cu ceea ce s-a numit „școala problemelor și a stresului".

„O, cât de binecuvântați sunt tinerii care trebuie să lupte pentru a-și face un rost în viață", a spus el, la un moment dat. „Nu voi înceta niciodată să fiu recunoscător pentru cei trei ani și jumătate de învățăminte și de dificultăți care au trebuit depășite."

Desigur, multe persoane au trecut prin aceleași experiențe precum Rockefeller – au urmat aceeași școală a vremurilor dificile. Puțini au reacționat ca el. Puțini au fost cei care s-au pregătit pentru a descoperi oportunități în interiorul problemelor, pentru a înțelege că ceea ce i-a lovit nu era un ghinion de care nu puteau scăpa, ci un cadou al educației – șansa de a trage învățăminte dintr-un moment crucial al economiei.

În viață ne întâlnim cu obstacole – corecte sau nedrepte. Și vom descoperi, de fiecare dată, că ceea ce contează cel mai mult nu este ceea ce sunt aceste obstacole, ci cum le percepem și dacă ne putem păstra calmul în fața lor. Vom învăța că această reacție este cea care determină succesul pe care îl vom avea în soluționarea lor sau care ne va aduce înfrângerea în fața lor.

Acolo unde cineva vede o criză, o altă persoană poate vedea o șansă. Unde cineva este orbit de succes, altul poate fi obiectiv. Acolo unde unii pierd controlul emoțiilor, alții rămân calmi. Disperarea, deznădejdea, teama, lipsa de putere – aceste reacții sunt funcții ale percepției noastre. Trebuie să îți dai seama: nimic nu ne face să simțim în acest fel; noi ne aruncăm în brațele acestor sentimente. Să alegem, precum Rockefeller, să nu facem asta.

Din această divergență – între cum a perceput Rockefeller, raportat la ceilalți din jurul lui, realitățile momentului – s-a născut succesul, aproape de neimaginat, pe care l-a avut. Fiind precaut și atent, încrederea în sine i-a devenit o incredibilă sursă de putere. Să percepi ceea ce altora li se pare negativ ca pe ceva ce poate fi aprofundat rațional, limpede, și, cel mai important, ca pe o oportunitate – nu ca pe ceva de care să te temi, de care să te plângi.

Rockefeller este mai mult decât o analogie.

Trăim într-o epocă a lucrurilor poleite. În mai puțin de un deceniu, am trecut prin două bule economice, toată industria se clatină, numeroase vieți au avut de suferit. Suntem asaltați de lucruri care par nedrepte. Curbe financiare, agitații civile, adversitate. Oamenii sunt temători și descurajați, nervoși și supărați, se adună în spații publice sau în comunități online. Așa ar și trebui, nu?

Nu neapărat.

Aparențele exterioare sunt dezamăgitoare. Ceea ce se află în interiorul lor, în spatele lor, asta este ceea ce contează.

Putem învăța să percepem lucrurile diferit, să traversăm iluziile în care alții cred sau de care se tem. Putem să încetăm să vedem „problemele“ din fața noastră drept probleme. Putem să învățăm să ne concentrăm asupra a ceea ce lucrurile sunt cu adevărat.

Prea des reacționăm emoțional, devenim abătuți și pierdem perspectiva corectă. Toate aceste situații care doar par rele se transformă în lucruri rele cu adevărat. Percepțiile nefolositoare ne invadează mințile – acest loc sacru al rațiunii, acțiunii și voinței - și ne afectează simțul de orientare.

Creierele noastre s-au format într-un mediu foarte diferit de cel în care locuim acum. Ca urmare, purtăm cu noi tot felul de moșteniri biologice. Natura umană este încă setată să vadă primejdii acolo unde ele nu mai există – gândiți-vă la transpirația rece atunci când aveți grija banilor, sau la reacția de ripostă pe care o simțiți atunci când șeful țipă la dumneavoastră. Siguranța noastră nu este cu adevărat pusă în pericol în aceste situații, deși, adesea, pare să fie așa.

Trebuie să decidem cum răspundem acestor situații (de fapt, pentru orice situație ne-ar fi dată). Ne putem lăsa conduși de aceste sentimente primare, sau le putem înțelege și putem învăța cum să le filtrăm. Disciplina în percepție ne permite să vedem limpede avantajul și reacția potrivită pentru fiecare situație – fără amenințarea panicii sau a fricii.

Rockefeller a înțeles bine asta și a renunțat să se mai preocupe de percepțiile distructive. A preferat abilitatea de control, de canalizare și de înțelegere a acestor semnale. Aceasta acționa ca o superputere: din cauză că mulți oameni nu pot accepta această parte a lor, sunt supuși impulsurilor și instinctelor pe care niciodată nu le analizează.

Putem vedea dezastrul strict rațional. Sau, mai bine, precum Rockefeller, putem vedea oportunitatea din fiecare dezastru și putem transforma această situație negativă într-un prilej de învățare, de dobândire a unei abilități noi, sau ca pe un noroc. Văzut așa cum trebuie, tot ceea ce se întâmplă – fie că e vorba despre un dezastru economic, fie că este o dramă personală – reprezintă o șansă pentru a merge înainte. Chiar dacă este vorba despre o direcție pe care nu am prevăzut-o.

Sunt puține lucruri pe care trebuie să le avem în vedere atunci când avem de-a face cu un obstacol care pare de nedepășit.

Trebuie să încercăm:

- să ne calmăm
- să fim obiectivi
- să ne controlăm emoțiile și să ne ținem tare
- să alegem să vedem partea bună a lucrurilor
- să ignorăm ceea ce îi deranjează sau îi limitează pe alții
- să vedem lucrurile în perspectivă

- să revenim la momentul prezent
- să ne concentrăm asupra a ceea ce poate fi controlat.

Doar așa se poate vedea oportunitatea dintr-un obstacol. Nu se întâmplă de la sine. Este un proces – unul care decurge din logică și autodisciplină.

Logica asta ți se poate potrivi și ție. Trebuie doar să o folosești.

Recunoaște-ți forța

Alege să nu fii rănit – și nu te vei simți rănit.
Nu te simți rănit – și nu vei fi fost.

MARCUS AURELIUS

Rubin „Uraganul" Carter, un boxer de top la categoria mijlocie, ajuns la apogeul carierei pe la mijlocul anilor 1960, a fost acuzat pe nedrept de o crimă oribilă pe care nu o comisese: triplu homicid. A mers la proces, iar o decizie părtinitoare i-a stabilit verdictul: închisoare pe timp de trei vieți.

A fost momentul unei prăbușiri amețitoare de la înălțimea faimei și succesului pe care le avea. Carter s-a prezentat la închisoare într-un costum scump, croit cu atenție, purtând un inel cu diamant de 5 000 de dolari și un ceas de aur. Și uite așa, așteptând să intre în rândul deținuților, a cerut să vorbească direct cu cineva din partea conducerii.

Privind directorul fix în ochi, Carter i-a informat pe el și pe gardieni că nu va preda acel ultim lucru pe care îl mai are în posesie: pe el însuși. În remarcabila lui declarație, le-a spus, mai pe larg, astfel: „Știu că nu aveți niciun amestec în nedreptatea care m-a adus în închisoare, așa că rămân de bunăvoie aici până voi fi eliberat. Dar nu voi fi tratat, în nicio împrejurare, precum un pușcăriaș – pentru că nu sunt și nu voi fi niciodată *lipsit de putere*".

În loc să clacheze – așa cum ar fi făcut mulți – Carter a renunțat să-și predea libertățile care îi erau înnăscute:

atitudinea, certitudinile, opțiunile. Chiar dacă era aruncat în închisoare sau în izolare, Carter a subliniat că încă are opțiuni, opțiuni care nu îi pot fi luate, așa cum îi poate fi luată libertatea fizică.

Era mânios pe ceea ce i se întâmplase? Desigur. Era furios. Dar, înțelegând că furia nu era constructivă, a refuzat să devină o victimă a acesteia. A refuzat să cedeze, să se milogească sau să dispere. Nu va purta uniforma specifică închisorii, nu va mânca hrană de pușcăriaș, nu va primi vizite, nu va avea audieri pentru eliberare condiționată, nu va lucra în detenție pentru a-și reduce pedeapsa. Și nu va fi atins. Nimeni nu va ridica mâna spre el fără să primească un răspuns pe măsură.

Toate acestea aveau un scop. Fiecare strop de energie trebuia folosit în folosul rezolvării juridice a cazului. Orice minut a fost folosit pentru a citi – mai ales cărți din domeniile juridic, filozofic și istoric. Cei care l-au condamnat nu i-au distrus viața – doar l-au pus într-un loc în care nu merita să fie și în care nu intenționa să rămână. Va învăța, va citi și va consuma timpul pe ceva cu folos. Va părăsi închisoarea nu doar ca un om liber, ci mai bun decât era.

A durat 19 ani și a fost nevoie de două procese pentru a întoarce verdictul inițial, dar atunci când Carter a ieșit pe poarta închisorii, și-a reluat viața. Fără un proces civil pentru a primi despăgubiri, pentru că, de fapt, Carter nu a pretins nici măcar să i se ceară scuze din partea Curții. Pentru el, asta ar fi însemnat că decizia greșită i-ar fi luat ceva din ceea ce simțea că îi aparține. Tocmai o asemenea situație nu a fost niciodată în opțiunile lui, nici măcar în cele mai întunecate unghere ale gândurilor lui. A făcut o alegere: poate că nu eu am dorit să se întâmple astfel, dar eu decid cum mă va afecta. *Nimeni altcineva nu are acest drept.*

Noi decidem ceea ce vom face în fiecare împrejurare. Noi decidem dacă vom ceda sau dacă vom rezista. Noi decidem dacă suntem de acord sau dacă respingem o situație dată. Nimeni nu ne poate forța să cedăm sau să credem ceva care nu este adevărat (cum ar fi că o situație este absolut fără ieșire sau imposibil de îmbunătățit). Percepțiile noastre reprezintă lucruri pe care le controlăm în totalitate.

Ne pot arunca în închisoare, ne pot eticheta, ne pot priva de bunurile noastre, dar nu ne pot controla gândurile, credințele, *reacțiile.*

De aceea, trebuie spus, niciodată nu suntem complet lipsiți de putere.

Chiar și în închisoare, privați de aproape orice, beneficiem de ceva libertate. Mintea rămâne a noastră (cu puțin noroc putem avea cărți) și avem timp – o mulțime de timp. Carter nu avea prea multă putere, dar a înțeles că asta nu însemna că este neajutorat. Multe nume celebre, de la Nelson Mandela la Malcolm X, au ajuns să facă această distincție. Doar așa au reușit să schimbe închisoarea în altceva, un fel de atelier în care s-au transformat, într-un loc de învățat, unde au început să îi influențeze în bine și pe ceilalți.

Dacă o sentință injustă poate fi nu doar schimbată, ci și transformatoare și benefică, atunci, pentru scopurile noastre, nimic din ceea ce trăim nu este lipsit de un beneficiu potențial. De fapt, dacă ar fi să ne gândim la noi înșine, ne-am putea aminti diverse situații din trecut, fără a le numi bune sau rele. Acest lucru înseamnă ceva – este o judecată – pe care noi, ființe umane, o folosim la adresa acelor momente prin propriile noastre percepții.

O situație poate fi negativă pentru cineva. Aceeași situație poate fi pozitivă pentru altcineva.

„Nimic nu este nici bun, nici rău, dacă nu îl considerăm ca atare“, după cum spunea Shakespeare.

Laura Ingalls Wilder, autorul seriei *Little House*, a experimentat ideea, având de înfruntat unele dintre cele mai dure și mai nedorite lucruri de pe pământ; teren aspru și neroditor, teritoriu indian, preriile din Kansas, umiditatea pădurilor din Florida. Fără teamă, fără oboseală – pentru că a văzut în toate acestea o aventură. Peste tot era un prilej să facă ceva nou, să avanseze în spiritul descoperitorilor, chiar dacă soarta le era – ei și soțului, care a fost alături de ea – crudă sau potrivnică.

Asta nu înseamnă că a văzut lumea prin distorsiunea unor ochelari roz-bombon. Pur și simplu a optat să treacă prin fiecare situație așa cum era aceasta – cu eforturile necesare, dar și cu optimism. Alții fac alegeri diametral opuse. Noi ne confruntăm cu situații care nu sunt nici pe departe atât de complicate, dar din cauza cărora considerăm imediat că suntem distruși, ruinați.

Doar așa un obstacol chiar devine obstacol.

Cu alte cuvinte, prin percepția noastră asupra evenimentelor, suntem implicați în crearea – dar la fel de bine și în rezolvarea – fiecăruia dintre obstacolele noastre.

Nu există bine sau rău fără ca noi să le considerăm ca atare, există doar modul în care le percepem. Sunt doar evenimentul însuși și povestea din jurul lui, pe care noi o construim și căreia îi dăm o semnificație.

Un gând poate schimba totul, nu-i așa?

Un angajat din compania pe care o conduci poate face o greșeală care pune în pericol întreaga afacere. Să zicem că, pentru a evita asta, ai consumat foarte mult timp și foarte multă energie. Dacă schimbăm puțin optica, o asemenea situație este exact ceea ce îți trebuie, de fapt – șansa de a trece de probleme și de a învăța o lecție care se poate asimila doar prin experiență directă. O *greșeală* devine prilej de *învățare*.

Încă o dată, întâmplarea este aceeași: cineva a făcut o prostie. Numai că evaluarea și raportarea sunt diferite. Printr-o anume abordare poți obține un avantaj; prin alta, doar te afunzi în mânie și teamă.

Numai pentru că mintea îți indică faptul că ceva este îngrozitor, rău, neprevăzut sau are alte conotații negative, nu înseamnă că trebuie să fii și de acord cu asta. Doar pentru că unii spun că situația este fără ieșire, sau aiurea, sau disperată, nu înseamnă că și este în realitate. Noi hotărâm ce poveste ne spunem. Sau ce le vom spune și celorlalți.

Bine ați pășit în lumea puterii percepției. Se aplică în fiecare situație și este imposibil de obstrucționat. Poate fi doar ignorată cu totul.

Și asta este doar decizia ta.

Calmează-ți nervii

Ceea ce îi trebuie unui om nu este curajul, ci nervi de oțel, gândire rece. Asta poate fi obținut doar prin practică.

THEODORE ROOSEVELT

Ulysses S. Grant participa odată la o ședință foto cu celebrul Mathew Brady, fotograf participant la Războiul Civil. Studioul era cam întunecat, așa că Brady a trimis un asistent pe acoperiș, să deschidă puțin luminatorul. Asistentul a alunecat și a făcut țăndări tavanul din sticlă. Îngroziți, martorii au văzut cum cioburile, destul de mari, cad din tavan ca niște pumnale, spărgându-se în jurul lui Grant – oricare dintre ele putându-i fi letal.

După ce și ultimul ciob a căzut, Brady s-a întors și a observat că Grant nu se clintise. Era teafăr. Grant a privit în sus, la gaura din tavan, apoi înapoi, spre încăpere, ca și cum nu se întâmplase nimic.

În timpul Campaniei Overland, Grant mai supraviețuise unei scene asemănătoare, când un obuz inamic a explodat, omorând un cal care e afla chiar în vecinătatea lui. Mai este o poveste despre Grant, la comandamentul general din City Point, lângă Richmont. Soldații descărcau un vas cu aburi, iar acesta a explodat, ca din senin. Toți cei prezenți s-au culcat la pământ, mai puțin Grant, care a fost văzut alergând *spre* locul cu pricina în timp ce resturi și schije continuau să cadă ca urmare a exploziei.

Iată genul de persoană care are un calm de invidiat. Este tipul de om care are o treabă de făcut și ar înfrunta orice ca să o poată duce până la capăt. Asta da stăpânire de sine.

Revenind la viețile noastre...

Suntem un ghem de nervi.

Concurența dă târcoale afacerilor noastre. Problemele încep să apară pe neașteptate. Cel mai bun angajat din companie își dă, brusc, demisia. Computerul se blochează când avem mai mare nevoie de el. Suntem scoși în afara zonei noastre de confort. Șeful lasă toată treaba pe umerii noștri. Totul se prăbușește în jur chiar atunci când credeam că nu mai putem suporta încă un lucru negativ.

Ne prăbușim și noi? Ignorăm situația? Ne frecăm la ochi și ne concentrăm din nou? Sau ne lăsăm striviți? Încercăm să scăpăm de gândurile acestea rele?

Oricum, aceasta este doar situația în care ceva rău este generat doar din întâmplare. Să nu uităm, există oricând persoane dispuse să ne dorească răul. Care vor să ne intimideze. Care ne forțează să luăm decizii înainte de a avea la îndemână toate faptele. Care vor să gândim și să acționăm în funcție de interesele lor, nu de ale noastre.

Prin urmare, întrebarea este dacă le lăsăm să ne facă asta.

Atunci când avem planuri mărețe, vom avea și stresul de rigoare. Se pot întâmpla lucruri care să ne prindă cu garda jos, care să ne amenințe sau să ne sperie. Surprizele (mai ales cele urâte) sunt aproape nelipsite. Riscul de a fi depășit de situație este mereu prezent.

În aceste cazuri, nu talentul este cea mai căutată abilitate. Iscusința și calmul sunt de apreciat, pentru că aceste două caracteristici vin înaintea ocaziei de a-ți arăta calitățile cu care te mândrești. Trebuie să avem, după cum spunea Voltaire când explica succesul militar al Ducelui de Marlborough, acel „curaj liniștit în mijlocul tumultului și seninătatea unui suflet în pericol, ceea ce britanicii numesc sânge rece".

În ceea ce privește mărimea necazului în care ne aflăm, stresul este cel care ne lasă la cheremul deznădejdii, al fricii, al reacțiilor instinctuale.

Nu vă imaginați nici măcar pentru o secundă că stăpânirea de sine, iscusința, liniștea sunt atributele înnăscute ale vreunui aristocrat. Până la urmă stăpânirea de sine este o chestiune de control și de îndrăzneală.

Ceva de genul acesta: **Refuz** să accept asta. **Rezist** tentației de a mă declara învins. **Nu sunt de acord** să mă las intimidat.

Dar stăpânirea este și o problemă de acceptare. *Bine, până la urmă lucrurile țin de mine. Nu-mi permit luxul de a mă lăsa afectat de situația dată, deci mă concentrez asupra priorităților. Sunt prea aglomerat și prea multe persoane se bazează pe mine.*

Nesupunerea și acceptarea merg bine împreună în următorul principiu: oricând există un contraargument, o ieșire, o soluție, deci nu avem niciun motiv să devenim frustrați. Nimeni nu spune că va fi simplu și, desigur, mizele sunt mari, dar calea de soluționare există pentru cei dispuși să o găsească.

Asta este ceea ce trebuie să facem. Și știm că va fi dificil, poate chiar îngrozitor.

Dar suntem pregătiți pentru așa ceva. Suntem implicați și serioși, așa că nu ne putem speria din atâta lucru.

Situația dată presupune să ne pregătim pentru acel context, să ne calmăm pentru a putea să răspundem cât mai bine provocării. Să ne oțelim. Să scăpăm de probleme pe măsură ce apar și să fim pregătiți mereu – să ținem capul sus, ca și cum nimic nu s-ar fi întâmplat.

Să procedăm astfel pentru că, așa cum ne putem da seama de acum, este adevărat. Dacă îți poți păstra calmul, atunci nimic nu s-a „întâmplat“ cu adevărat – percepția noastră va avea grijă să nu aibă repercusiuni.

cultivă-ți o STARE-de-CALM

Controlează-ți emoțiile

Ai vrea să ai un imperiu măreț?
Condu-te pe tine însuți.

PUBLIUS SYRIUS

Când America a pornit în cursa pentru a trimite primul om în spațiu, a început pregătirea astronauților mai cu seamă spre o direcție: arta de a nu intra în panică.

Când oamenii intră în panică, greșesc. Se poziționează în afara sistemului. Nu respectă procedurile, ignoră regulile. Se îndepărtează de planul inițial. Se blochează și încetează să mai gândească limpede. Doar reacționează – nu cum ar trebui să acționeze în situația dată, ci visceral, așa cum simt.

Bine ați venit la originea celor mai multe probleme pe care le avem aici, pe Pământ. Totul este planificat și pus pe hârtie, dar atunci când ceva merge rău, primul lucru pe care îl facem este să renunțăm la planul gândit și dăm curs emoțiilor. Unii dintre noi suntem gata să tragem semnalul de alarmă, pentru că ni se pare mai simplu decât să înfruntăm ceea ce avem în față.

La 250 de kilometri deasupra Pământului, într-o navetă mai mică decât o mașină, acest gen de opțiuni înseamnă moarte. Panica este sinucidere.

Prin urmare panica trebuie să fie stăpânită prin exercițiu. Iar acest lucru nu se obține ușor.

Înainte de prima lansare, NASA a re-creat pentru echipaj ziua decisivă iar și iar, pas cu pas, de sute de ori – și au început cu ceea ce urmau să aibă în meniu la micul dejun, până la aterizarea pe aeroport. Ușor, într-o serie de expuneri gradate, astronauții au fost introduși în fiecare loc sau sunet al misiunii care urma să îi ducă în spațiu. Au repetat de atâtea ori, încât le-a devenit totul natural și cunoscut. Acele lucruri aveau să fie realizate și în timpul decolării, așa că nu mai exista niciun stres, fiecare situație fusese deja discutată și toate necunoscutele înlăturate.

Incertitudinea și teama sunt domolite doar de siguranță. Iar antrenamentul chiar asta reprezintă. Este ca o valvă care eliberează presiunea. Prin repetarea scenariilor posibile te poți adapta la orice pericole ca la întâmplări firești, la gesturi înnăscute, pentru că temerile vin mai ales din lipsa de familiarizare cu o situație anume. Din fericire, acest aspect se poate regla (chiar dacă nu este simplu), ceea ce ne permite să ne creștem toleranța la stres și la incertitudine.

John Glenn, primul astronaut american care a orbitat în jurul Pământului, și-a petrecut aproape o zi în spațiu cu un ritm al bătăilor inimii de sub 100. Acest detaliu indică o persoană care nu doar stă la panoul de control, ci chiar își controlează emoțiile. O persoană bine antrenată, care are ceea ce Tom Wolfe a numit „tot ce îi trebuie".

Dar tu... e de-ajuns o înfruntare cu un client, sau cu un străin întâlnit în stradă, pentru ca inima să ți-o ia razna; sau, dacă ți se cere să te adresezi unei mulțimi, e suficient pentru a căpăta un gol în stomac.

Este momentul să îți dai seama că acest lucru este un lux, o slăbiciune personală. În spațiul cosmic, diferența dintre viață și moarte stă în capacitatea de a-ți stăpâni emoțiile, care diferă de la un individ la altul.

Apăsarea pe butonul greșit, citirea incorectă a panoului de bord, angajarea prea rapidă într-o secvență de zbor – oricare dintre aceste detalii putea împiedica succesul misiunii Apollo – ar fi avut consecințe mult prea grave.

De aceea, principala problemă pentru astronauți nu a fost cât de talentați erau ca piloți, ci dacă își puteau păstra calmul în cele mai grele situații. Te poți lipsi de tot ce aduce panica și, în loc de asta, să te concentrezi asupra a ceea ce ai de făcut pentru a îmbunătăți situația?

Cam așa este și în viață. Obstacolele ne stârnesc emoții, iar singura modalitate prin care le putem supraviețui este să ni le stăpânim – să fim calmi indiferent de ce se întâmplă, indiferent de câte situații exterioare ne vor influența.

Grecii aveau un termen anume pentru asta: *apatheia*.

Este starea de acalmie care vine odată cu dispariţia iraţionalului sau a emoţiilor foarte puternice. Nu vorbim despre pierderea sensibilității simțurilor, ci doar de absența acelora care sunt de prisos, care aduc suferință. Nu numai că nu trebuie să permitem negativității să ne intre în minte, ci să nu lăsăm acest gen de sentimente să se nască. Spunem pur și simplu: *Nu, mulțumesc, nu-mi pot permite să intru în panică.*

Aceasta este aptitudinea care trebuie dezvoltată – eliberarea de lipsa de atenție și renunțarea la a ne lăsa perturbați – ca să ne putem concentra asupra rezolvării problemelor, în loc să reacționăm doar la apariția lor.

Un e-mail urgent de la șef. Un idiot la bar. Un telefon de la bancă – economiile tale au fost retrase. Un ciocănit în ușă – a avut loc un accident.

Așa cum Gavin de Becker scria în *The Gift of Fear*, „Când te temi, întreabă-te: «Ce aleg să ignor acum?»" Ce lucruri importante ratezi din cauză că mai mult îți faci scenarii decât îți pui întrebări, alegi să fii mai degrabă panicat decât isteț?

Altfel spus, supărarea îţi aduce mai multe opțiuni?

Uneori aduce. Dar *aceasta* este cu adevărat rezolvarea?

Nu, eu cred că nu.

E bine de știut.

Dacă o stare emoțională nu poate schimba condiția sau situația cu care te confrunți, cel mai probabil este o emoție nefolositoare. Sau, destul de probabil, una distructivă.

Dar asta este ceea ce simt.

Sigur, nimeni nu a spus nimic despre a nu simți ceva. Nimeni nu spune că nu poți plânge. Uită de „bărbăție". Dacă ai nevoie de un moment doar al tău, atunci nu ţi-l refuza. Adevărata putere stă în **control**, sau, așa cum spunea Nassim Taleb, în **domesticirea** emoţiilor, nu în a pretinde că ele nu există.

Așa că mergi înainte, simte-le. Doar nu le lăsa să te domine, ci rezolvă-le. Pentru că diferenţa dintre aceste două situații este ca de la cer la pământ.

Îţi poţi aminti oricând:

> *Eu controlez lucrurile, nu emoțiile le controlează. Înțeleg exact care este situația. Nu am de gând nici să mă entuziasmez, nici să mă supăr.*

Învingem emoțiile prin logică, sau, cel puțin, cam asta ar fi ideea. Logica înseamnă întrebări și răspunsuri. Dacă le ducem până la capăt, ajungem la rădăcina cauzelor (și aici lucrurile sunt mai simplu de rezolvat).

Am pierdut bani.

Bun, dar pierderile nu fac parte, oare, din ideea de afacere?

Ba da.

Sunt aceste pierderi catastrofale?

Nu neapărat.

Deci aceasta este o situație la care te aștepți, nu? Cum poate fi atât de gravă? De ce te ocupi atunci de ceva care, măcar ocazional, se poate întâmpla să aibă asemenea riscuri?

Păi..., de... eu...

Și nu e doar asta, te-ai confruntat de-a lungul timpului cu alte situații mai rele. Nu ți-ar fi mai bine dacă ai aplica niște măsuri, în loc să te enervezi?

Încearcă să ai acest dialog cu tine însuți și vezi cum poți stăpâni aceste emoții. Nu vor dura prea mult, ai încredere în asta.

În cele din urmă, e puțin probabil să mori din atâta lucru.

Te poate ajuta să tot repeți, de ori de câte ori simți că devii anxios, o frază cum ar fi:

> *Nu voi muri din asta. Nu voi muri din asta. Nu voi muri din asta.*

Sau încearcă întrebarea lui Marcus Aurelius:

> *Ceea ce ți se întâmplă te împiedică să te comporți corect, generos, să ai autocontrol, bun simț, prudență, onestitate, modestie, încredere?*

Nu.

Atunci, treci înapoi la treabă!

Subconștient, ar trebui să ne adresăm mereu această întrebare: *E nevoie să fiu îngrozit de asta?*

Iar răspunsul – ca și în cazul astronauților, soldaților, doctorilor și al multor alte profesii – trebuie să fie:

> *Nu, pentru că m-am pregătit pentru momentul acesta și mă pot controla. Sau, nu, pentru că mi-am dat seama și acum știu că această reacție nu aduce nimic constructiv.*

nu voi muri din asta. *

Practică obiectivitatea

Nu lăsa puterea unei păreri să te îngenuncheze de la început. Doar spune: Stai puțin, dă-mi voie să văd cine ești și din partea cui ai venit. Prima dată să te testez.

EPICTET

Fraza *S-a întâmplat și e grav* are două aspecte. Primul, *s-a întâmplat*, este ceva obiectiv. Al doilea, *și e grav*, este subiectiv.

Miyamoto Musashi, un samurai spadasin din secolul al XVI-lea, a câștigat nenumărate lupte împotriva adversarilor, chiar și a mai multora simultan, lupte în care era lipsit de sabie. În *The Book of the Five Rings* nota diferențele dintre a observa și a percepe. Percepția ochiului este slabă, scria el, dar observația este puternică.

Musashi a înțeles că observarea este doar a vedea ce este. Percepția vede mai mult decât este în realitate.

Observarea vede evenimentele, fără ceea ce ne distrage, fără exagerări și interpretări eronate. Prin percepție vedem „obstacole insurmontabile" sau „metehnele grele" sau simple „probleme". Aducem propriile tare într-o luptă. Prima modalitate de a înțelege lumea ne este de ajutor, a doua nu ne este.

Pentru a-l parafraza pe Nietzsche, a lua lucrurile doar la prima vedere, deși poate să pară superficial, uneori este cea mai potrivită soluție.

Câte dintre problemele din viața noastră nu par să vină chiar din aplicarea unor judecăți de valoare asupra lucrurilor pe care nu le controlăm, dar despre care credem că trebuie să fie într-un anume fel? Cât de des observăm că ne gândim la ce ne-ar plăcea sau ce ar trebui să fie, în loc să ne gândim la ceea ce este, de fapt?

Dacă ne liniștim și ne controlăm emoțiile, putem vedea lucrurile așa cum sunt în realitate. Putem face asta folosind observarea.

Percepțiile sunt problematice. Ne oferă „informații" de care nu avem nevoie, exact atunci când ar fi mult mai bine să ne concentrăm asupra a ceea ce este deja în fața noastră: tăișul unei săbii, o negociere de afaceri crucială, o oportunitate, un pont sau orice altceva care contează.

Creierul nostru animalic încearcă să comprime distanța dintre impresie și percepție. Gândim, percepem, acționăm – cu milisecunde între aceste procese.

Creierul unei căprioare îi spune acesteia să alerge atunci când există un pericol. Și aleargă. Uneori se îndreaptă direct spre șoseaua plină cu mașini.

Putem lua în discuție acest impuls. Putem să nu fim de acord cu el. Putem depăși automatismul, adică putem examina amenințarea înainte de a acționa.

Dar asta presupune **tărie**. Este o musculatură care trebuie dezvoltată. Iar mușchii sunt dezvoltați prin exerciții, prin ridicări repetate.

De aceea Musashi, ca majoritatea practicanților de arte marțiale, se concentrează asupra antrenamentului mental la fel de mult ca asupra celui fizic. Ambele sunt importante deopotrivă – și de aceea au nevoie de la fel de multă practică și exerciții.

În scrierile stoicilor găsim un exercițiu care poate fi destul de bine descris drept exprimare disprețuitoare. Stoicii folosesc disprețul ca pe un factor prin care să devoaleze lucrurile și *„să le îndepărteze vălul care le împodobește"*.

Epictet le-a spus studenților, atunci când aceștia citau un mare gânditor, să se imagineze văzând acea persoană în timpul unui act sexual. E haios, ai putea încerca data viitoare când cineva te va intimida sau te va face să te simți inconfortabil. Imaginează-ți persoana grohăind, gemând și în situații stânjenitoare din viața ei – situații comune cu ale noastre, de altfel.

Marcus Aurelius folosea o variantă a acestui exercițiu, în care descria lucrurile luxoase sau scumpe fără eufemisme – carnea friptă este un animal mort, iar vinul înnobilat de timp este un strugure vechi, fermentat. Scopul era de a vedea aceste lucruri așa cum sunt în realitate, fără niciun fel de ornamente.

Putem face așa ceva în cazul oricui sau a orice, atunci când acestea ne stau în cale precum un obstacol. Acea promovare, la care țineam atât de mult, ce reprezintă ea, de fapt? Cei care ne critică și ne denigrează activitatea – atitudine care ne face să ne simțim atât de neînsemnați – trebuie puși acolo unde le este locul. Este atât de bine să vedem lucrurile exact așa cum sunt în realitate, nu așa cum doar ni le imaginăm.

Obiectivitatea înseamnă să îndepărtăm eul – partea subiectivă – din ecuație. Gândește-te ce se întâmplă atunci când oferim sfaturi altora. Problemele lor ni se par clare, soluțiile evidente. Acel ceva ce este mereu prezent atunci când ne luptăm cu propriile noastre probleme lipsește întotdeauna când ascultăm problemele altora: încărcătura emoțională. Cu alții putem fi obiectivi.

Acceptăm situația direct, așa cum este, și imediat suntem gata să ne ajutăm prietenul cu un sfat pentru rezolvarea ei.

Egoiști – și stupizi – păstrăm toată mila, întreg sentimentul de persecutare și compătimirea, atunci când vine vorba despre noi înșine.

Ia situația în care te afli și pretinde că nu ți se întâmplă ție. Prefă-te că nu este importantă, că nu contează. Cât de simplu ar fi, în acest caz, să spui ce ar trebui făcut? Cât de repede și de lipsit de implicare ai putea avea o imagine de ansamblu a problemei și variantele de soluționare? Ai putea să o tai de pe lista de priorități, să o întâmpini cu calm.

Gândește-te la toate modalitățile prin care cineva poate soluționa o anumită problemă. Nu, *chiar* gândește-te. Folosește-ți limpezimea gândurilor, nu simpatia – va fi timp suficient și pentru aceasta din urmă, mai târziu. Este un exercițiu, ceea ce înseamnă că are nevoie de repetiții. Din ce îl încerci mai des, de aceea îți va ieși mai bine. Cu cât vei deveni mai priceput în a vedea lucrurile așa cum sunt, cu atât percepția se va transforma din dușman în aliat.

practică OBIECTIVITATEA

Schimbă perspectiva

Omul nu există pur și simplu, ci decide mereu cum să fie, ce va deveni în secunda următoare. Pe același principiu, fiecare ființă umană are libertatea de a se schimba în orice moment.

VIKTOR FRANKL

Odată, pe când generalul atenian Pericle era implicat într-o misiune navală din Războiul Peloponesiac, a început o eclipsă de soare, iar flota lui de 150 de corăbii a rămas în întuneric.

Surprinși de evenimentul neașteptat și năucitor, oamenii lui au început să se panicheze. Spre deosebire de ei, Pericle a rămas de neclintit. A mers la cârmaciul-șef, și-a dat jos mantia pe care o purta și a înfășurat-o în jurul ochilor acelui om. L-a întrebat dacă era speriat de ceea ce vedea.

Nu, sigur că nu.

Atunci, ce contează, a replicat Pericle, dacă doar cauza unui lucru este diferită, iar efectul nu?

Grecii erau isteți. Dar dincolo de această mica istorisire rămâne noțiunea fundamentală care însuflețește nu doar filozofia stoică, ci și psihologia cognitivă: *Perspectiva este tot ce contează.*

Așa se întâmplă când dai greș; dacă vezi situația din altă perspectivă, aceasta încetează să te mai afecteze atât de tare.

Teama este paralizantă, obositoare, te distrage și, adesea, este irațională. Pericle a înțeles pe deplin acest lucru și a putut utiliza forța perspectivei pentru a o înfrânge.

Grecii au înțeles că alegem adesea explicațiile fataliste în dauna celor simple, în dezavantajul nostru. De aceea ne speriem de obstacole, pentru că perspectiva noastră este greșită, iar o simplă schimbare de perspectivă ne poate schimba în totalitate modul în care reacționăm. Sarcina, așa cum a demonstrat și Pericle, nu este de a ignora teama, ci de a-i da o explicație. Ia acel lucru care îți provoacă teama – atunci când aceasta te cuprinde – și demontează-l.

Amintește-ți: noi alegem cum privim lucrurile. Noi avem abilitatea de a conferi o interpretare anume unei situații. Nu putem schimba obstacolele în sine – partea aceasta a ecuației este deja stabilită – dar, cu puterea perspectivei, putem modifica modul în care privim obstacolul. Modul în care îl abordăm, îl vedem, îl contextualizăm, înțelesurile pe care i le conferim vor determina cât de mult va trebui să luptăm pentru a-l surmonta.

Este alegerea ta dacă vrei să pui un *eu* în fața tuturor lucrurilor (*eu* detest vorbitul în public, *eu* am încurcat-o, *eu* sunt afectat de acest lucru). Detaliul acesta adaugă un element în plus: *tu* în relația cu obstacolul, ceea ce poate fi mai complicat decât obstacolul însuși. Având și o perspectivă greșită, devenim victime sigure a ceva care, de fapt, este destul de neînsemnat. Prin urmare, de ce să ne postăm ca subiecți în așa ceva?

Perspectiva corectă are o modalitate ciudată de a micșora obstacolele.

Din cine știe ce motive, avem tendința de a privi lucrurile izolat. Ne învinovățim pentru că am ratat o afacere sau pentru că nu am ajuns la o întâlnire. Luate separat, chiar par a descrie o situație negativă – am ratat sută la sută acea oportunitate.

Ceea ce uităm, în asemenea cazuri, este că, așa cum milionarului Richard Branson îi plăcea să spună, „oportunitățile de afaceri sunt precum autobuzele; este mereu un altul care va veni“. O întâlnire nu înseamnă nimic pentru o viață plină de multe alte întâlniri, o afacere este doar o afacere. De fapt, putem spune chiar că am ratat un glonte. Următoarea ocazie poate fi chiar mai mare decât precedenta.

Modul în care privim lumea schimbă și felul în care vedem aceste lucruri. Propria *perspectivă* este cea care ne face să le remarcăm într-un fel anume sau este chiar ea, de fapt, cauza problemei? Aceasta-i întrebarea.

Ceea ce putem face noi este să limităm sau să extindem perspectiva, în funcție de ceea ce ne liniștește și ne pregătește pentru o anumită acțiune. Să privim lucrurile ca pe un fel de editare selectivă – fără să îi nedreptățim pe ceilalți, dar bine orientată spre noi înșine.

Și chiar *funcționează*. Mici trucuri pot schimba ceea ce consideram cândva drept sarcini imposibil de finalizat. Brusc, acolo unde ne simțeam lipsiți de putere, suntem acum viguroși. Prin perspectivă, descoperim pârghii pe care nu credeam că le avem.

Perspectiva are două definiții.

1. Contextul: o imagine de ansamblu asupra lumii, nu doar a ceea ce este în imediata noastră apropiere.

2. Cadrul: o modalitate individuală și unică de a privi lumea, un fel de a o interpreta.

Ambele contează, ambele pot fi utilizate pentru a modifica o situație care părea amenințătoare sau imposibil de soluționat.

George Clooney și-a irosit primii cinci ani ai carierei lui de la Hollywood fiind respins la audiții. Dorea ca producătorii și regizorii să îl placă, dar asta nu se întâmpla, ceea ce l-a făcut să sufere și să dea vina pe sistem, pentru că nimeni nu vedea cât era de bun.

O asemenea perspectivă ne sună, probabil, destul de cunoscut. Este punctul de vedere cel mai întâlnit pe care îl avem referitor la interviurile de angajare, la licitații sau atunci când încercăm să intrăm în vorbă cu un client într-o cafenea. Asta ne trimite subconștient la ceea ce scriitorul și omul de afaceri Seth Godin numea „tirania de a fi ales".

Totul s-a transformat pentru Clooney atunci când a schimbat perspectiva. Și-a dat seama că un casting este un obstacol şi pentru producători – ei chiar *au nevoie* să găsească pe cineva, și, de aceea, speră ca următoarea persoană care le intră pe ușă să fie chiar cea *potrivită* pentru ceea ce au nevoie. Audițiile reprezentau o șansă pentru a rezolva problema lor, nu a lui.

În această nouă perspectivă a lui Clooney, el reprezenta această soluție. Nu avea de gând să fie genul de persoană care se umilește pentru a primi o șansă. El reprezenta pe acel cineva care avea ceva special de oferit. Era răspunsul la rugăciunile lor, nu încă o pistă falsă. Așa a început să își organizeze prezența la audiții – nu în exclusivitate prin talentul lui de actor, ci drept omul potrivit la locul potrivit. S-a întâmplat astfel după ce a înțeles mai bine ce anume caută producătorul și regizorul atunci când organizează o audiție, astfel încât să poată oferi exact acel lucru, dorit pentru fiecare situație în parte, pe tot parcursul jobului, de la preproducție la filmări și în perioada de promovare.

Diferența dintre perspectiva corectă și cea greșită face toți banii.

Modul în care interpretăm evenimentele din viața noastră, perspectiva proprie, este cadrul nostru prin care răspundem provocărilor – fie că trebuie să acționăm, fie că trebuie doar să le primim ca atare.

Corpul se îndreaptă acolo unde îi arată capul. Percepția precede acțiunea. O perspectivă corectă este urmată de acțiuni corecte.

Depinde de tine?

Din toate cele ce sunt, unele depind de noi, altele nu depind de noi. Cele ce depind de noi sunt din fire libere, fără constrângeri, fără piedici, iar cele ce nu depind de noi sunt fără vlagă, robite, supuse constrângerilor, în voia altora.

EPICTET

Tommy John, unul dintre cei mai de valoare și longevivi aruncători de baseball, a activat 26 de sezoane în campionatul național american. Douăzeci și șase de sezoane! A aruncat pentru Mickey Mantle și Mark McGwire. În anul de debut, președinte era Kennedy. În ultimul an al carierei, George H.W. Bush era președintele SUA.

Este o realizare aproape supraomenească. A reușit să ajungă la această performanță pentru că era foarte insistent în a se întreba, pe sine, dar și pe alții, sub diverse forme: *Ce mi se întâmplă acum este o șansă? Am o oportunitate? Este ceva ce pot face pentru asta?*

Tot ceea ce încerca să obțină era un da, pentru o șansă cât de mică ce i se oferea. Dacă exista o oportunitate, era gata să lupte pentru a o obține – cu orice efort și oricâtă risipă de energie ar fi fost necesare pentru ca ea să fie îndeplinită. Dacă ținea de el obținerea unui rezultat, și-ar fi dat și sufletul doar pentru a-l atinge.

Prima situație crucială s-a ivit la mijlocul campionatului din 1974, când Tommy John și-a distrus brațul, prin afectarea permanentă a ligamentului colateral ulnar al cotului.

Până la el, când un aruncător avea o astfel de problemă, cariera îi era terminată definitiv. În acest sport îi spuneau accidentarea de „mână moartă". Final de meci.

John nu a acceptat un asemenea destin. Exista vreo posibilitate, *de orice fel*, pentru a putea să-și continue cariera? S-a dovedit că exista. Medicii au propus o operație experimentală, prin care să încerce înlocuirea ligamentului afectat de la mâna cu care arunca, cu ligamentul sănătos de la celălalt braț. *Care sunt șansele să revin pe teren, după această operație?* Una dintr-o sută. Iar fără operație? *Nicio șansă*, i s-a răspuns.

S-ar fi putut retrage. Dar exista o șansă dintr-o sută să poată reveni. Prin recuperare și antrenament, șansa era *în parte* la îndemâna lui. Așa că a profitat de ea. Și a mai câștigat 164 de meciuri în următoarele 13 campionate. Procedura chirurgicală îi poartă, de atunci, numele.

La mai puțin de 10 ani după acest moment, John a avut de trecut peste un moment la fel de dificil ca acela cu problema de la cot, atunci când fiul lui cel mic a căzut de la fereastra etajului trei, și-a înghițit limba și aproape că a murit. Chiar și în haosul existent în sala de urgențe, cu medici care considerau, probabil, că băiatul nu va putea supraviețui, John le spunea membrilor familiei că, indiferent dacă va dura unul sau zece ani, nu se vor lăsa învinși până nu vor face tot ce le stă în putință pentru a-l salva.

Băiatul s-a recuperat în totalitate.

Pentru John, cariera sportivă părea să se sfârșească totuși în 1988 când, la 45 de ani, a fost dat afară de Yankees la final de campionat. Încă o dată, nu a acceptat. Credeți că antrenorul i-a spus că, dacă va veni în primăvară, la antrenamente, i se va mai da o șansă? I s-a spus că nu se mai poate juca baseball de performanță la vârsta aceasta. Dar el a repetat întrebarea: *Fii sincer cu mine, dacă mă prezint, mi se va da o șansă corectă?* În cele din urmă, oficialii clubului i-au spus că da, va fi luat în considerare dacă face față testelor.

Tommy John a fost primul care s-a prezentat la stadion, în noul sezon. Se antrenase multe ore pe zi, avea și experiența celor 25 de ani de carieră, așa că a prins echipa, fiind cel mai vârstnic membru al ei. A început sezonul ca titular – și a câștigat.

Lucrurile pe care Tommy le putea schimba – când avea această posibilitate – au fost tratate de fiecare dată cu seriozitate maximă. Obișnuia să le spună antrenorilor că mai bine moare pe teren decât să renunțe. A înțeles că, în calitate de profesionist, i se cere să înțeleagă diferența dintre improbabil și imposibil. Sesizarea acestei diferențe infime l-a ajutat să devină ceea ce a fost.

Pentru a beneficia de aceeași putere, dependenții de droguri/alcool aflați în perioada de recuperare învață o rugăciune.

Doamne, dă-mi ușurința de a accepta lucrurile pe care nu le pot schimba
Curajul de a le schimba pe cele care sunt în puterea mea
Și înțelepciunea de a le deosebi.

Așa își concentrează ei eforturile. E mult mai ușor să lupți cu dependențele dacă nu te lupți și cu evidența că te-ai născut, că părinții tăi au fost niște monștri, sau că ai pierdut totul. Acestea sunt lucruri deja existente. Știute. Zero șanse să le poți schimba.

Ce se întâmplă atunci când ai în vedere ceea ce poți modifica? Obții ocazia prin care chiar poți schimba lucrurile.

În spatele rugăciunii de mai înainte se află o frază stoică de două mii de ani: *ta eph'hemin, ta ouk eph'hemin*. Lucruri care depind, lucruri care nu depind de noi.

Dar ce ne stă în putere? Ale noastre:

Emoții
Judecăți
Creativitate
Atitudine
Perspectivă
Dorințe
Decizii
Hotărâre

Acestea reprezintă terenul nostru de joacă. Fiecare este un meci.

Ce nu este în puterea noastră?

Păi, așa cum știm, cam tot ceea ce rămâne. Vremea, economia, împrejurările, emoțiile sau judecățile altor persoane, dezastrele și așa mai departe.

Dacă ceea ce depinde de noi reprezintă terenul nostru de joacă, atunci ceea ce nu ne stă în putere reprezintă regulamentul și condițiile de joc. Cele două aspecte de care sportivii câștigători profită la maximum și cu care nu încearcă să se lupte (pentru că ar fi lipsit de sens).

Să aduci argumente, să te plângi, sau, mai rău, să renunți pur și simplu, acestea sunt alegeri. Alegeri care, cel mai adesea, nu ne ajută *cu nimic* să fim mai aproape de linia de sosire.

Când vine vorba despre percepție, aceasta este distincția cea mai importantă de făcut: diferența dintre lucrurile care sunt în puterea noastră și cele care nu sunt.

Aici stă diferența dintre persoanele care pot îndeplini planurile mărețe și cele cărora li se pare imposibil să rămâi integru – să eviți nu doar să devii dependent de droguri sau de alcool, ci de *orice altceva* ar crea dependență.

În felul lui, cel mai periculos monstru pe care îl avem de înfruntat este acela care ne face să credem că putem schimba ceea ce nu este, de fapt, în puterea noastră. Dar atunci cum rămâne cu modalitatea de a rafina și a îmbunătăți alegerile tale? Iată cum stau lucrurile. Să vrei să afli dacă cineva ți-a furat ideea sau ai ajuns tu primul la ea, asta nu e o opțiune care merită efort. A o face mai bună, a lupta pentru visul tău, asta da, merită.

A ne concentra în totalitate asupra a ceea ce ne stă în putere, ne crește și ne îmbunătățește condiția. Dar fiecare gram de energie risipită pe lucruri pe care nu le putem influența în niciun fel este numai risipă – autodistrugere și autocompătimire. Așa se face că multă energie – de-a noastră sau de-a altora – este irosită în acest mod inutil.

Ca să vezi în obstacol o provocare, ca să obții maximul din orice situație, aceasta este o cale bună de urmat – o cale care depinde de noi.

Voi beneficia de o șansă, domnule antrenor?
Ta eph'hemin?
Depinde de mine acest lucru?

ce nu stă în PUTEREA TA

Trăiește momentul prezent

Șmecheria prin care uiți imaginea de ansamblu este să privești totul foarte de aproape.

CHUCK PALAHNIUK

Fă-ți o favoare și scrie o listă cu afacerile pornite în timpul depresiunilor economice sau al crizelor economice.

Revista *Fortune* – la 90 de zile după ce piața s-a prăbușit, în 1929
FedEx – criza petrolului din 1973
UPS – Panica din 1907
Compania Walt Disney – după 11 luni de activitate, a 12-a a fost cu prăbușirea pieței din 1929
Hewlett-Packard – Marea Criză, 1935
Charles Schwab – prăbușirea pieței din 1974-1975
Standard Oil – Rockefeller a cumpărat în totalitate acțiunile partenerilor la ceea ce va deveni Standard Oil, preluarea fiind în 1865, ultimul an al Războiului Civil
Coors – Criza din 1973
Costco – recesiunea de la finalul anilor 1970
Revlon – Marea Criză, 1932
General Motors – Panica din 1907
Procter & Gamble – Panica din 1837
United Airlines – 1929
Microsoft – Recesiunea din 1973-1975
LinkedIn – 2002, după criza „dot-com“

În majoritate, aceste afaceri nu au părut afectate de faptul că au început în perioade de criză. De ce? Pentru că inițiatorii lor au fost foarte preocupați de fiecare moment din actualitatea imediată – rezolvând direct orice problemă apărea. Nu aveau garanția că finalul va fi bun sau rău, erau la curent doar cu situaţia de fapt. Aveau o treabă pe care doreau să o ducă la bun sfârșit, o idee bună în care credeau sau un produs pe care simțeau că îl pot vinde cu succes. Știau că au niște salarii de achitat.

Și totuși, în viaţa de zi cu zi, nu suntem dispuși să rezolvăm lucrurile pe măsură ce apar. Trebuie să ne adâncim neîntrerupt în a căuta „semnificații“, indiferent dacă este „corect“ sau nu, în ceea ce este „în spatele“ unui lucru sau al altuia și în tot ceea ce fac cei din jurul nostru. Apoi ne mai întrebăm de ce nu ne rămâne putere pentru a rezolva problemele reale pe care le avem. Sau ni s-a părut totul atât de greu de făcut și am fost atât de speriaţi de tot ce era în jurul nostru încât, dacă am fi pus osul la treabă, am fi terminat-o deja, cu siguranță.

Părerea noastră despre lumea afacerilor este influențată de tot felul de povești și de mituri. Asta este haios, pentru că pierdem din vedere lucrurile importante atunci când ne raportăm la exemplele individuale. De fapt, jumătate dintre companiile din top 500 au început activitatea într-un moment de scădere a piețelor sau chiar în recesiune. *Jumătate.*

Adevărul este că mulți încep din dezavantaje (uneori neștiind chiar că așa stau lucrurile) și se descurcă bine. Nu e ceva incorect, este ceva ce se întâmplă în mod curent. Cei care supraviețuiesc o fac pentru rezolvă lucrurile în fiecare zi, pe măsură ce apar – acesta este marele secret.

Concentrează-te asupra momentului, nu asupra monștrilor care pot apărea sau nu la un moment dat.

O afacere trebuie să se desfășoare în contextul și constrângerile care există în lumea reală și să câștige atât cât și ce se poate. Persoanele cu spirit antreprenorial sunt precum animalele, condamnate să nu aibă timp liber și nicio înclinație spre a căuta diferite căi probabile în care pot sta lucrurile, sau spre a imagina cum ar prefera ei, la modul ideal, să fie acestea.

Pentru toate speciile, cu excepția omului, lucrurile sunt ceea ce sunt. Problema noastră este că încercăm de fiecare dată să ne dăm seama ce **semnificație** au acestea – de ce sunt lucrurile așa cum sunt. Emerson sintetizează cel mai bine: „Nu ne putem consuma întreaga zi cu explicații". Nu vă risipiți timpul pe construirea unor povești false.

Nu contează dacă vremurile pe care le trăim sunt cele mai bune sau cele mai rele, dacă avem cel mai bun job de pe piață sau nu, dacă obstacolul pe care îl avem de trecut este unul de speriat. Important este ca acum să însemne acum.

Consecințele obstacolului nostru sunt teoretice – ele există în trecut și în viitor. Noi însă trăim **momentul**. Cu cât conștientizăm mai mult asta, cu atât va fi mai simplu să-l depășim și să mergem mai departe.

Poți folosi problema cu care te confrunți ca pretext al unei oportunități de a-ți îndrepta atenția spre momentul prezent. De a ignora în totalitate situația și de a învăța să fii în acord cu ceea ce se întâmplă, pe măsură ce se întâmplă. E bine să îţi refuzi cu totul posibilitatea de a fi nevoit ca viitorul să îţi confirme predicțiile, adică să nu faci deloc predicţii. Fiecare noutate să fie ca un fel de burete care șterge tot ce a fost și ceea ce alții speră că urmează să vină pe mai departe.

Vei găsi metoda care funcţionează cel mai bine pentru tine, dar există destule lucruri care te pot aduce în prezentul imediat: exersează constant. Deconectează-te. Fă o plimbare în parc. Meditează. Ia-ţi un câine – aceste animale au darul de a ne reaminti ce plăcută este fiecare clipă.

Un lucru este cert. Nu e atât de simplu ca și cum ai spune; *Hei, voi trăi prezentul.* Trebuie *să muncești* pentru asta. Adună-ţi minţile atunci când e nevoie – nu le lăsa să o ia razna. Renunţă la gândurile care te distrag. Lasă lucrurile care sunt în regulă să-și urmeze cursul – indiferent cât de mult simţi nevoia să faci altfel.

Este mai simplu atunci când șansa de a-ţi limita domeniul seamănă mai degrabă cu o corectură decât cu o acţiune. Amintește-ţi că un moment anume nu înseamnă întreaga ta viaţa, ci doar o clipă *din* viaţa ta. Preocupă-te de ceea ce stă în faţa ta, chiar acum. Ignoră ceea ce „reprezintă" sau „ce semnifică", sau ce „ţi s-a întâmplat".

Sunt destul de multe alte lucruri care se întâmplă chiar acum și de care te-ai putea ocupa.

Gândește diferit

Geniul înseamnă abilitatea de a transforma în realitate ceea ce este în minte. Altă definiție nu există.

F. SCOTT FITZGERALD

Steve Jobs era celebru pentru ceea ce a fost numit „domeniul de distorsiune a realităţii". În parte tehnică motivațională, în parte ambiție și dorinţa de a conduce, acest principiu l-a făcut celebru prin frazele cu care anula orice replici de genul „nu se poate face" sau „e nevoie de mai mult timp".

Învăţând de mic faptul că drumul spre iad este pavat cu bune intenţii, Jobs și-a stabilit o definiţie mai radicală a ceea ce este sau nu este posibil. Pentru el cea mai mare parte din viaţă devine controlabilă atunci când ai viziune și muncești corect.

De exemplu, în perioada de proiectare a unui mouse pentru unul dintre produsele de început ale Apple, Jobs era foarte încrezător. Dorea ca accesoriul să se deplaseze fluid în orice direcţie – era o noutate pentru orice mouse la acea perioadă – doar că inginerul-șef i-a spus că unul dintre proiectanţi îi transmisese că așa ceva ar fi imposibil de pus în vânzare. Că ceea ce aștepta Jobs nu părea realist și nu ar fi funcţionat. A doua zi, când a ajuns la lucru, inginerul a aflat că Jobs îl concediase deja pe proiectant. Poate și de aceea primele cuvinte ale persoanei care i-a luat locul au fost: „Pot face acel mouse".

Cam aceasta era concepția despre muncă a lui Jobs. Maleabilitate, adaptabilitate, încredere de sine. Nu într-un sens amăgitor, ci pentru a putea îndeplini cu succes lucrurile propuse. Era de părere că un obiectiv mic va genera doar realizări mediocre. Un obiectiv măreț ar putea, dacă lucrurile merg bine, să genereze ceva cu adevărat remarcabil. Era un fel de Napoleon care le spune soldaților: „Nu există Alpii!"

Multora dintre noi le lipsește o astfel de încredere. Este de înțeles. Ni s-a tot spus, de-a lungul vieţii, că este nevoie de realism și consecvenţă sau, mai rău, să nu riscăm nimic. Această atitudine reprezintă un mare dezavantaj pentru cei care vor să facă lucruri remarcabile, la un moment dat. Pentru că, gândindu-ne la dubiile noastre (autoîndoială) ca la ceva real, nu prea mai putem aprecia ceea ce se poate sau nu se poate face cu adevărat.

Propria noastră percepţie determină, într-o manieră incredibil de mare – ceea ce suntem sau nu suntem capabili să realizăm. De multe ori chiar ea este cea care determină realitatea. Cine va avea oare câștig de cauză, atunci când credem mai mult în obstacol decât în scopul propus?

Să ne gândim, de exemplu, la artiști. Unicitatea manifestărilor lor este cea care dă conținut conceptului de „artă". Ceea ce era accesibil unui pictor de dinainte de Caravaggio și ceea ce îi este accesibil după ce acesta a uimit deja prin capodoperele lui, sunt două lucruri foarte diferite. Același lucru este valabil pentru orice alt gânditor, scriitor sau pictor.

Din acest motiv, nu ar trebui să fim prea atenți la ceea ce spun cei din jur (sau la ceea ce ne trece prin cap). Vom descoperi că altfel trecem de partea celor care nu reușesc să aibă nicio realizare notabilă.

Fii deschis. Pune orice sub semnul întrebării.

Deși, cu siguranță, nu *controlăm* realitatea, percepțiile noastre o pot influența.

Cu o săptămână înainte de prima dată de livrare a unui computer Macintosh, inginerii l-au informat pe Jobs că nu pot respecta termenul. Într-o conferință telefonică ad-hoc, inginerii i-au explicat că ar mai fi nevoie de încă două săptămâni. Jobs le-a răspuns, liniștit, că dacă îl pot face în două săptămâni, atunci sigur poate fi gata și în una – diferența de timp nu era atât de mare. Și, chiar mai important, din moment ce au ajuns până aici și au lucrat atât de bine, nu există niciun motiv pentru care livrarea să *nu* aibă loc pe 16 ianuarie, data stabilită inițial. Inginerii au pus umărul și au îndeplinit termenul. Insistența lui i-a forțat, încă o dată, să ajungă acolo unde credeau că nu este posibil.

Bun, dar cum putem, tu sau eu, să ne descurcăm cu termenele imposibile ale unui superior? Ne plângem. Ne enervăm. Punem întrebări. *Cum a fost posibil? Cum așa? Cine se cred ei?* Căutăm o modalitate să scăpăm de sarcină și ne plângem de milă.

Cu siguranță că aceste atitudini nu scurtează cu nimic termenul care trebuie respectat. Nici măcar nu ne ajută să facem progrese. Jobs a refuzat să îi tolereze în echipa lui pe cei care nu aveau încredere în forțele proprii și în reușită. Chiar și atunci când solicitările lui erau incorecte, inconfortabile sau prea ambițioase.

Genialitatea și miracolul produselor realizate de el – care au fost considerate de multe ori imposibile și futuristice – sunt rezultatul acestei atitudini. A gândit dincolo de limita care le-a părut celorlalți de netrecut și, prin urmare, a reușit să realizeze ceva cu totul nou. Nimeni nu a crezut că Apple poate realiza produsele pe care le-a realizat. De fapt, chiar Jobs a fost data afară, în 1985, din cauză că membrii Consiliului de Administrație de la acea dată au considerat că trecerea Apple spre bunurile de larg consum reprezenta un „plan aiuristic". Desigur, se înșelau.

Jobs a învăţat să respingă primele obiecţii și contestări, pentru că rădăcina lor e de găsit în sentimentul de teamă. Când a comandat un tip nou de sticlă pentru primul iPhone, producătorul a fost îngrozit de termenul foarte scurt: „Nu putem face asta", a spus el. „Nu te teme", i-a replicat Jobs. „Puteți. Căutaţi modalitatea potrivită. Puteţi." Aproape peste noapte, producătorul și-a transformat fabrica într-un monstru de produs sticlă, iar în primele șase luni de producţie a realizat tot ce era nevoie pentru construirea telefonului.

Este total diferit de cum am fost învăţaţi să acţionăm. Ni s-a spus *să fim realiști. Să fim atenţi la reacţii. Să ne comportăm frumos cu ceilalţi. Să facem compromisuri.* Bun, dar dacă „cealaltă" parte se înșală? Dacă modelul de comportament tradiţional este prea conservator? Acest impuls, spre bunul simţ, este cel care ne mână spre *a ne plânge, a întârzia și, în final, a renunța.*

Un întreprinzător este cineva care are abilitatea de a face ceva acolo unde nu era nimic înaintea lui. Pentru el, ideea că nimeni nu a mai făcut *vreodată* un lucru sau altul este ceva bun. Când primește o sarcină imposibilă o vede ca pe o șansă de a testa de ce este în stare – să dea totul, știind foarte bine cât de dificil va fi de câștigat această bătălie. Vede momentul ca pe o oportunitate, pentru că situaţiile disperate, de genul totul sau nimic, ne fac să fim cel mai creativi.

Cele mai bune idei ne vin în acele momente în care obstacolele ne impun să găsim noi variante.

Găsirea oportunității

O persoană bună vopsește evenimentele în culorile preferate... și transformă orice se întâmplă spre avantajul propriu.

SENECA

Una dintre cele mai înspăimântătoare și mai șocante invenţii ale războiului modern a fost Blitzkrieg-ul german (războiul fulger). În cel de-al Doilea Război Mondial, germanii au dorit să evite metodele învechite de luptă din războaiele precedente. Așa că s-au concentrat pe crearea de divizii mobile rapide, care să premeargă ofensivei și să prindă inamicii pe picior greșit.

Precum vârful unei suliţe, coloanele de panzere au năvălit în Polonia, Olanda, Belgia și Franţa, cu efecte devastatoare și întâmpinate, mereu, de o defensivă fragilă. În cele mai multe cazuri, comandanţii trupelor de apărare s-au predat pur și simplu, fără niciun fel de ripostă în faţa a ceva ce părea un monstru invincibil, năpustit asupra lor fără pic de oboseală. Strategia războiului fulger a fost concepută pentru a profita de uimirea paralizantă a adversarului – acesta trebuia să cedeze în faţa a ceea ce părea o forţă copleșitoare. Succesul strategiei depindea în totalitate de acest răspuns. Această strategie a funcţionat, pentru că efectul asupra trupelor a fost acela al unui obstacol enorm care se năpustește.

În acest mod au receptat trupele aliate blietzkrieg-ul, aproape pe toată durata războiului. Nu vedeau decât forţa acestuia și propiile lor slăbiciuni în raport cu el. În săptămânile și lunile care au urmat după succesul invaziei forţelor aliate în Normandia, au avut de înfruntat, încă o dată, același lucru: un set masiv de contraofensive germane. Cum puteau fi oprite? Vor trebui să renunţe la tot ce au câștigat prin recentele succese obţinute atât de dificil, cu costuri atât de mari?

Un mare conducător a dat răspunsul. Imediat după ce a intrat în sala de ședinţe a cartierului general din Malta, generalul Dwight D. Eisenhower a făcut un anunţ; nu va mai tolera această atitudine defensivă din partea generalilor lui, care s-au comportat lamentabil. „Situația actuală trebuie privită ca pe o oportunitate pe care o avem, nu ca pe un dezastru", a ordonat el. „Vreau să văd doar chipuri zâmbitoare la această masă de discuții".

În contraofensiva aflată în desfășurare, Eisenhower a fost capabil să găsească soluția care le stătuse în față încă de la bun început: strategia naziștilor conținea în sine propria distrugere.

Doar atunci Aliații au reușit să descopere această oportunitate, chiar în interiorul obstacolului, când au refuzat să mai vadă în obstacol doar ceva care îi amenința. Interpretat corect, atâta timp cât nu ar fi însemnat chiar distrugerea completă a aliaților, atacul celor 50 000 de germani îi arunca pe aceștia într-o mare cursă – „mașina de tocat carne", cum a descris-o plastic generalul Patton.

Bătălia de la Bulge, iar înainte de aceasta Bătălia de la Falaise Pocket, ambele fiind considerate ca un fel de repetiții generale ale asaltului final al Aliaților, au fost, de fapt, cele mai importante succese pe care aceștia le-au obținut. Aliații le-au permis armatelor germane să avanseze destul de ușor, iar apoi le-au atacat din flancuri, ba chiar au reușit să le încercuiască în totalitate. Tancurile germane, care păreau invincibile și fuseseră atât de amenințătoare, au devenit, brusc, nu doar neputincioase, ci chiar sinucigașe – iată un exemplu de manual a ceea ce înseamnă să lași un flanc lipsit de apărare.

Și mai important, iată un exemplu clasic al rolului pe care îl joacă propriile noastre percepții în succesul sau eșecul asupra celor care ne sunt adversari.

Una este să fii copleșit de obstacole, alta este să te descurajezi sau să te superi din pricina lor. Este o delimitare de care puțini sunt capabili. Din momentul în care îți poți controla sentimentele și poți vedea la modul obiectiv lucrurile, începe să fie posibil pasul următor: o rotire mentală prin care vezi nu obstacolul, ci și oportunitatea pe care o oferă.

Așa cum spunea Laura Ingalls Wilder: „E ceva bun în orice, atâta timp cât știm să îl vedem".

Și totuși, nu prea ne pricepem să vedem asta. Gândește-te că ai fi fost în locul lui Eisenhower, cu o întreagă armată lângă tine, pus în fața unei înfrângeri iminente. Cât va mai dura războiul? Cu câte pierderi de vieți omenești se va încheia?

Problema e dată de preconcepțiile noastre. Ele ne dictează că lucrurile ar trebui să arate sau vor arăta într-un fel anume, așa că, atunci când nu se întâmplă exact cum am crezut, ni se pare că suntem dezavantajați sau că ar fi doar o pierdere de vreme să încercăm să le punem pe alt făgaș. De fapt totul este doar o cursă, în care fiecare are șansa lui de a câștiga.

Să analizăm un exemplu care e cunoscut oricui: cum e să ai un șef rău. Toți vedem asta ca pe un iad. Toți îl simțim ca pe ceva apăsător. Ne demoralizăm.

Dar dacă am vedea asta ca pe o șansă, în loc de un dezastru?

Dacă e adevărat că ai ajuns la capătul răbdării și crezi că e mai bine să renunți, te găsești, de fapt, în postura de a avea o șansă rarisimă de a te dezvolta și de a crește. O șansă unică de a încerca diferite soluţii, diverse tehnici, de a asuma noi proiecte și de a învăţa lucruri noi. Poţi să îţi studiezi șeful și să înveţi de la el – în timp ce completezi un CV prin care îţi cauţi un job nou, în altă parte. Te poţi pregăti pentru acel nou job încercând noi modalităţi de comunicare și faci asta având sufletul împăcat; oricum ai vrea să renunţi și să pleci de aici, nu?

Printr-o asemenea atitudine nouă, lipsită de teamă, cine știe, poate obţii concesii și redevii interesat de vechiul job. Într-o zi șeful tău va face o greșeală și vei putea profita de asta. Te vei simţi mult mai bine decât alternativa – să fii bârfitor, rău de gură, duplicitar, lipsit de caracter.

Sau gândește-te la rivalitatea aia veche care îți tot dă bătăi de cap la job, fie cu un coleg, fie cu o firmă concurentă.

E drept că nu e prea plăcut, dar asta are și beneficii:

• te ţine în alertă
• mărește miza activității
• te motivează să le demonstrezi că nu au dreptate
• te întărește
• te ajută să apreciezi prietenii adevăraţi
• îţi oferă un model de lucru de care să te ferești – un exemplu de ceea ce nu ar trebui să devii.

Ţi s-a defectat computerul și ai pierdut tot ce ai lucrat? Vei fi de două ori mai bun și mai rapid decât înainte de asta, din moment ce vei reface aceeași lucrare.

Ai luat o decizie în afaceri și s-a dovedit a fi nepotrivită? Bun, te-ai bazat pe o ipoteză care în cele din urmă nu s-a confirmat. De ce să te deranjeze? Nu l-ar enerva pe un om de știință, ci l-ar *ajuta*. Poate că data viitoare nu ar trebui să te implici atât de tare într-o situaţie similară. Deja ai învăţat două lucruri: că instinctul tău s-a înșelat și cam ce poftă de risc te caracterizează.

Binecuvântările și poverile de îndurat nu se exclud. E mult mai complicat. Socrate avea o soţie rea, sâcâitoare; dar el a spus mereu că această căsnicie a reprezentat cea mai bună practică pentru filozofie.

Desigur că îţi dorești să poţi evita orice lucru negativ, atâta timp cât asta se poate.

Psihologii din domeniul sportului au realizat recent un studiu asupra atleţilor de elită care aveau de înfruntat dificultăţi majore sau accidentări grave. La început, fiecare dintre ei a menţionat că se simte izolat, că simte o ruptură emoţională, că se îndoiește de capacităţile sportive pe care le mai are. Mai apoi, fiecare dintre ei a menţionat dorinţa de a-i ajuta pe alţii, noi posibilităţi pe care le întrevăd, lucruri pe care le pot face prin propriile puteri. Cu alte cuvinte, teama și dubiile pe care le-au resimţit pe parcursul accidentării s-au transformat în abilităţi mai mari.

Este o idee splendidă. Psihologii o numesc creștere contradictorie sau creștere posttraumatică. „Ceea ce nu te omoară te face mai puternic" nu este un simplu clișeu, ci un adevăr.

Lupta cu un obstacol duce capacitatea noastră de răspuns la un nou nivel. Creșterea grijilor înseamnă creșterea puterii cu care luptăm. Obstacolul reprezintă un avantaj, nu o problemă. Dușmanul este orice percepție care ne împiedică să vedem acest lucru.

Dintre toate strategiile enumerate, aceasta este cea pe care o poţi folosi oricând. Orice poate fi întors, văzut prin aceste lentile: o privire pătrunzătoare care face abstracţie de ambalaj și vede doar cadoul.

Putem și să ne luptăm tot timpul. Rezultatul este identic. Obstacolul e tot acolo. Prima variantă este mai puţin dureroasă. Beneficiul se află la locul lui, la îndemână. Cât să fii de fraier să nu profiţi de el?

Și uite așa, lucrurile pe care alții le ocolesc, de care vor să scape, ne sunt nouă de folos.

Când oamenii sunt:

- necioplиți, lipsiți de respect:
  Ne subestimează. Un enorm avantaj pentru noi.
- ipocriți:
  Nu trebuie să le cerem scuze atunci când îi folosim ca exemplu.
- critici la adresa noastră sau neîncrezători în noi:
  Așteptările modeste sunt simplu de depășit.
- puturoși:
  Facem astfel încât tot ceea ce realizăm să pară cu atât mai mult de admirat.

Este evident. Acestea sunt lucruri de la care putem porni, în unele cazuri chiar mai bine decât am sperat. Cu ce avantaje te poți alege de la cineva politicos? Cum îi poți da replica? În spatele comportamentelor care provoacă o reacție negativă imediată se află o oportunitate – un beneficiu pe care îl putem măsura cu gândul și de care putem beneficia.

De aceea este important să fim atenți la asta – la prezentul care nu părea deloc atrăgător sau generos la început.

În spatele aparențelor se află ceea ce ne trebuie – adesea chiar ceva de valoare. Un dar sau un mare beneficiu.

Nu vorbim acum platitudini precum partea plină sau goală a paharului. Aici e vorba despre o schimbare completă de percepție. Văzut prin lentila negativă, trecutul este pe minus, dar, în finalitatea lui, este pozitiv.

Fii gata să acționezi

Te fă asemeni tigrului turbat.
Fă-ți trupul coardă, toarnă-ți foc în sânge.

SHAKESPEARE

Problemele sunt destul de rar atât de grave pe cât le vedem noi – sau cel puțin atât de exact de grave pe cât *le gândim*.

Este un mare pas înainte să ne dăm seama că cel mai rău lucru care se poate întâmpla nu este evenimentul respectiv, ci evenimentul care ar apărea în condițiile în care ne pierdem și uzul rațiunii. Astfel vor exista două probleme, nu doar una (cea de-a doua deloc necesară și apărută ca o consecință).

Cerința este aceasta: ca să poţi acţiona, trebuie să vezi lumea așa cum este, pentru ce este. Percepţia corectă – obiectivă, raţională, ambiţioasă, clară – izolează obstacolul și îl reliefează așa cum este de fapt.

Minte limpede, mâini dibace.

Când ne dăm seama de asta, trebuie să ne apucăm de treabă. De o treabă utilă.

Cu toţii ne folosim de presupuneri de-a lungul vieţii, cântărim costurile și beneficiile. Nimeni nu ne cere să vedem lumea exclusiv prin ochelari roz. Nimeni nu ne cere să primim eșecurile cu nobleţe sau ca niște martiri.

Îndrăzneala înseamnă însă a acţiona oricum, chiar dacă înţelegem partea negativă și realitatea obstacolului. Să decidem să abordăm direct ceea ce ne stă în cale – nu pentru că suntem jucători care se tem de ce e mai rău, ci pentru că am calculat totul și ne asumăm riscurile.

În cele din urmă, după ce ne asigurăm că percepem corect situaţia dată, tot ceea ce ne rămâne este să acţionăm.

Ești gata?

II

acțiunea

Ce este acţiunea?
Acţiunea este ceva comun, dar acţiunea corectă nu se întâlnește prea des. Nu ar trebui să acționăm pur și simplu, ci să acționăm, de fiecare dată, direcționat. Tot ceea ce facem trebuie să fie în slujba întregului. Pas cu pas, gest cu gest, vom reuși să trecem peste toate obstacolele care ne stau în cale. Prin insistenţă și prin flexibilitate putem acţiona în favoarea scopurilor noastre și ale celor mai bune interese. Acțiunea presupune curaj, nu ostentaţie – soluţii creative, nu forţă brută. Deciziile și comportamentul ne definesc. Trebuie să ne asigurăm că acţionăm după analiză, că avem răbdare și insistăm atât cât trebuie. Acestea sunt caracteristicile acţiunii corecte și utile. Nimic altceva – fără gânduri de a fugi de răspundere sau de a solicita ajutor din partea altora. Acţiunea este soluţia, dar și tratamentul pentru prevestirile pe care le facem.

acțiunea

Disciplina în acțiune

Argumentele istorice nu indicau, pentru destinul lui Demostene, posibilitatea de a ajunge cel mai mare orator din Atena. S-a născut bolnăvicios și fragil, suferind de o dificultate de vorbire care părea fără leac. La vârsta de șapte ani a rămas fără tată, iar lucrurile s-au înrăutățit în continuare chiar și mai mult pentru el.

Cea mai mare moștenire primită – o sumă de bani destinată plății profesorilor și celor mai bune școli – i-a fost furată de paznicii tocmiți să-l aibă în pază. Aceștia au refuzat să achite taxele pentru tutori, deposedându-l pe Demostene de șansa la educaţia bună care îi fusese promisă. Slăbit și bolnăvicios în continuare, Demostene nu a reușit să se remarce nici în altă arie principală din viața cotidiană a grecilor: sporturile din arenele romane.

Era un copil fără tată, efeminat, neîndemânatic, neînțeles de nimeni și subiect pentru glumele răutăcioase ale celor din jur. Nu era genul de puști de la care te aștepţi să aibă de unul singur, la un moment dat, forţa de a mobiliza întreaga naţiune la război.

Dezavantajat de natură, abandonat de oamenii de care depindea, Demostene avea cam tot ce se poate mai rău pentru un copil. Majoritatea dintre noi, în situaţia lui, am fi renunţat pe loc la orice speranţă. Dar Demostene nu a făcut asta.

I s-a întipărit în minte imaginea unui mare orator, un bărbat pe care îl auzise vorbind la curtea Atenei. Această singură persoană, atât de pricepută și de puternică, primise admirația întregii mulțimi, pe care o acaparase ore în șir doar prin vorbe alese – anihilase orice potrivnicie doar prin sunetul cuvintelor și prin puterea ideilor. Asta l-a motivat și l-a provocat pe Demostene, așa cum era el, slăbit, lipsit de putere, ignorat, aproape înfrânt. Din cele mai multe puncte de vedere, acel vorbitor încrezător și puternic, era chiar opusul său.

De aceea, Demostene a făcut ceva pentru a schimba situația.

Pentru a rezolva problemele de vorbire și-a impus câteva exerciții ciudate. Își umplea gura de pietricele și încerca să rostească foarte corect cuvintele. Repeta discursuri întregi în bătaia vântului sau în timp ce alerga pe pante înclinate. A învățat cum să rostească un discurs pe nerăsuflate. Așa se face că, destul de repede, vocea lui slabă, neclară, a devenit limpede și puternică.

Demostene a ieșit din izolarea în care era și a ajuns într-un spațiu luminos, pe care și-l construise singur, prin studiu individual și prin educație. Pentru a se asigura că, ajuns în această situație, nu va cădea pe tânjeala distracțiilor, și-a ras jumătate de cap pentru a-i fi rușine să iasă în societate, pierzând, astfel, timpul fără rost. S-a putut adânci în studiu zilnic, în exerciții pentru voce, în studierea expresiilor faciale și în argumentare.

Atunci când s-a aventurat în societate, a făcut-o doar pentru a învăța în continuare. Fiecare moment, fiecare dialog, fiecare discuție erau folosite pentru a-și aprofunda arta. Totul era făcut pentru un singur scop: să poată înfrunta dușmanii în cadrul unui proces prin care să-și recupereze ceea ce îi fusese furat. Lucru pe care l-a și reușit.

Când a împlinit vârsta necesară, a dat în judecată gărzile care îl înșelaseră. Acestea și-au tocmit avocați, numai că el nu a cedat nici în această situație. Creativ și adaptabil, le-a intentat proces după proces, argumentând foarte bine, de fiecare dată, toate acuzațiile. Încrezător în noile lui abilități, mânat de eforturile făcute până atunci, nu le-a dat adversarilor nicio șansă. Demostene i-a învins în cele din urmă.

A beneficiat doar de o parte din moștenirea inițială, dar banii nu erau lucrul cel mai important în acest caz. Reputația lui de orator, abilitatea de a domina o mulțime și cunoștințele extinse din domeniul juridic valorau mai mult decât oricât ar fi primit înapoi din punct de vedere financiar.

Cu fiecare discurs a devenit mai puternic, fiecare zi de luptă l-a făcut și mai hotărât. Îi putea privi în ochi pe răufăcători și nu avea niciun fel de teamă. În lupta cu destinul potrivnic, Demostene și-a găsit adevărata chemare: va deveni vocea Atenei, purtătorul de cuvânt și conștiința acesteia. Succesul lui se va datora în mod direct dificultăților prin care trecuse și modului în care le-a făcut față. Și-a transformat durerea în energie pentru antrenamente, iar apoi în oratorie, alimentată de un fel de înverșunare și de o forță cărora nimic nu li se putea opune sau rezista.

Unii profesori l-au întrebat pe Demostene care erau cele mai importante trei caracteristici ale unui discurs. Răspunsul lui este definitoriu: „Acțiune, acțiune, acțiune!"

Firește, a fost lipsit de șansă că și-a pierdut moștenirea pe care o primise la naștere. Dar în procesul de rezolvare a acestei situații, el a reușit să își ofere o realitate cu mult mai bună – una care nu îi mai putea fi luată de nimeni.

Dar tu, când ai în față o neșansă, cum răspunzi? Te îngenunchează sau te lupți cu ea până la capăt? Să zicem că e o explozie, metaforic vorbind. Te arunci spre ea sau o iei la fugă în direcția opusă? Sau, mai rău, rămâi paralizat, fără să faci nimic?

Acest mic test de caracter poate spune totul despre noi.

E destul de trist că majoritatea îl picăm – preferând să ne îndepărtăm de acţiune. Mergi și cazi chiar în acest moment, dar corpul tău are instincte care te protejează. Întinzi mâinile pentru a atenua căderea, așa că nu îţi spargi capul. Într-un accident mai violent, intri în stare de șoc, dar reușești, chiar și așa, să-ți acoperi faţa cu mâinile. De aici vine și expresia răni defensive. Nu gândim, nu ne plângem, nu comentăm. Acţionăm. Avem o forţă adevărată – suntem mai puternici decât credem.

Numai că în viaţa de zi cu zi, când controlul este deţinut de instinctele noastre cele mai rele, tergiversăm. Nu ne purtăm precum Demostene, ci acționăm fără vigoare și ne vedem neputincioși să devenim mai buni. Poate că reușim să analizăm o situație, chiar să găsim posibile soluții, dar peste câteva săptămâni, luni sau chiar ani, problema rămâne încă nerezolvată. Sau se înrăutățește. Ne gândim că e mai bine să așteptăm pe cineva să ne-o rezolve, ne gândim că poate obstacolul încetează de unul singur să mai fie o problemă.

Toți facem asta atunci când spunem: „Sunt atât de copleșit, obosit, stresat, ocupat, blocat, depășit".

Bun, dar cum rezolvăm această stare de fapt? Să ieșim la o petrecere. Să ne revenim. Să dormim. Să așteptăm.

Ne simțim bine dacă ignorăm ceva sau ne prefacem că nu există. Știm, totuși, de fapt, că situația nu va deveni nicidecum mai bună. Trebuie să faci ceva. Și trebuie să faci chiar acum.

Uităm că în viață nu contează ce ni se întâmplă sau care ne este originea. Contează doar ceea ce reușim să facem cu asta. Singura modalitate prin care putem realiza ceva spectaculos este să ne folosim de toate avantajele pe care le putem identifica.

Unii pot schimba radical o situație, o situație care arată poate chiar mai rău decât cea în care te afli tu. Mă refer aici la dizabilităţi fizice, discriminare rasială, lupte împotriva unor armate care te copleșesc prin superioritate. Chestia importantă este că aceste persoane nu renunţă. Nu își plâng de milă. Nu se îmbată cu apă rece. Sunt atente la unicul lucru care contează - să dea dovadă de stil și creativitate.

Născuţi fără nimic, în sărăcie, în conflicte, unii oameni sunt lipsiţi de noţiunile mai complicate ale corectitudinii, binelui sau răului. Niciuna dintre acestea nu li se aplică. Tot ceea ce au este propria lor persoană. În loc să se plângă de acest lucru, au îmbunătăţit situaţia. Au scos ce era mai bun din ea. Erau nevoiţi să facă asta, pentru simplul fapt că altă soluţie nu exista.

Nimeni nu vrea să se nască slab sau să fie victimizat. Nimeni nu vrea să rămână fără un ban în buzunar. Nimeni nu vrea să fie doborât de un obstacol, împiedicat să își atingă ţelul în viaţă. Asemenea împrejurări nu pot fi schimbate prin percepție, dar ele sunt în puterea noastră de a fi schimbate prin acţiune. De fapt, singurul antidot la care acestea răspund este chiar acțiunea.

Nimeni nu spune să nu te gândești un minut la o situație anume, Doamne, chestia asta ar fi chiar ridicolă. Nu ai decât să faci acest lucru. Respiră. Trage linie la tot. Numai să nu dureze prea mult. Orice problemă ar fi, trebuie să te întorci la treabă. Fiecare obstacol pe care îl depășim ne face mai puternici, pentru a-l putea întâmpina pe următorul.

Bine, dar...

Nu. Fără scuze. Fără excepţii. Fără ocolișuri. Totul depinde de tine.

Nu ne permitem luxul de a o lua la fugă. De a ne ascunde. Avem ceva foarte personal de făcut. Avem în faţă un obstacol și trebuie să învăţăm din această situaţie, să o transformăm.

Nimeni nu va veni să ne salveze. Iar dacă vrem să ajungem unde ne-am propus – să îndeplinim ce ne-am dorit – există o singură metodă. Să întâmpinăm problemele prin acţiunea cea mai potrivită.

De aceea, întotdeauna, putem să întâmpinăm obstacolele doar având:

- energie
- perseverenţă
- un proces coerent și analitic
- rezistenţă
- pragmatism
- o viziune strategică
- pricepere și îndemânare
- un ochi atent la oportunitatea care poate apărea.

Ești pregătit să începi?

Să ne mișcăm

Oricare dintre noi am fi, trebuie fie să strălucim, fie să ruginim.
Eu aleg să strălucesc.

THEODORE ROOSEVELT

Amelia Earhart dorea să fie o mare aviatoare. Dar asta se întâmpla în 1920, iar oamenii încă mai credeau că femeile sunt fragile și slabe, deci nu sunt potrivite pentru asta. Chiar dreptul la vot fusese obţinut cu doar un deceniu în urmă.

Nu putea avea o slujbă de pilot, așa că avea un job de lucrător social. Într-o bună zi a primit un telefon. Bărbatul de la celălalt capăt al firului a avut o propunere destul de îndrăzneaţă, iar printre altele i-a spus:

> *Știu pe cineva care vrea să finanțeze primul zbor transatlantic al unei femei. Prima noastră opțiune deja s-a retras. Nu vei avea ocazia să pilotezi singură avionul, ba chiar vei fi însoțită de doi bărbați, care te vor supraveghea, și pe care îi vom plăti foarte bine, dar tu nu vei primi nimic pentru asta. Și, desigur, există posibilitatea chiar să pieri în această tentativă.*

Știți ce a răspuns acestei propuneri? A spus *da*.

Asta spun cei care profită de șansa de a face ceva. Asta fac persoanele care ating mari obiective – fie că este vorba de a zbura sau de a trece peste stereotipurile de gen. Încep. Oriunde. Oricum. Nu le pasă dacă nu au condiții perfecte sau dacă sunt desconsideraţi. Asta pentru că știu că, odată ce au început un drum, dacă pot găsi momentul potrivit, pot face ca lucrurile să funcţioneze în continuare.

Așa s-a întâmplat și cu Amelia Earhart. La mai puţin de cinci ani de la acel moment, a fost prima femeie care a zburat fără escală peste Atlantic și a devenit, de aceea, una dintre persoanele cele mai cunoscute și mai respectate în întreaga lume.

Nimic din toate acestea nu ar fi putut avea loc dacă ar fi strâmbat din nas atunci când i s-a făcut acea ofertă ofensatoare și dacă ar fi început să-și plângă de milă. Nimic din toate acestea nu ar fi putut avea loc dacă s-ar fi oprit după această primă reușită. Ceea ce a contat a fost să profite de șansa avută și să meargă mai departe. Aceasta a fost geneza succesului ei.

Viaţa poate fi frustrantă. Adesea ne știm problemele. Putem ști chiar și ce trebuie făcut pentru a le soluţiona. Ne temem însă că a face ceva poate deveni prea riscant, că nu avem experienţa necesară, că nu este exact situaţia pe care ne-am fi dorit-o, că este prea costisitoare, că este prea curând, că, poate, între timp vom avea și alte idei, că poate nu va ieși așa cum trebuie.

Știi care va fi rezultatul? Niciunul. Nu vom face nimic.

Spune-ţi așa: Timpul pentru problema dată a expirat. Clopoţelul a început să sune. Hai să pornim, hai să ne mișcăm.

Adesea pornim de la ideea că lumea se mișcă după cum vrem noi. Amânăm tocmai când trebuie să pornim ceva. Slăbim ritmul atunci când ar trebui să devenim alerţi, să gonim. Apoi suntem șocaţi – șocaţi! – nimic măreţ nu se întâmplă, nu apar oportunităţi, încep să răsară noi obstacole, inamicii noștri fac front comun.

Sigur că așa se întâmplă, le-am dat voie să se desfășoare. Le-am oferit șansa asta.

Prin urmare, acesta este primul pas: ia taurul de coarne și pune-l la pământ. Trebuie să începi de undeva, să o apuci într-o direcţie.

Să presupunem că ai făcut deja acest lucru. Fantastic. Ești deja înaintea altor persoane. E timpul pentru o întrebare sinceră. Ai putea face mai mult de atât? Probabil ai putea – întotdeauna se poate. Cel puţin te-ai putea strădui. Ai fi putut deja să începi să faci mai mult, dar nu te-ai implicat cu totul, nu-i așa?

Decizia aceasta va afecta mersul lucrurilor? Fără îndoială că da.

În primii ani ai celui de-al Doilea Război Mondial nu era nicio misiune mai grea pentru trupele britanice decât aceea de a fi trimise pe frontul din nordul Africii. Britanicii urau vremea și terenul din acea parte a lumii, ambele afectând vizibil mijloacele de luptă pe care le aveau și planurile tactice. Așa că acţionau exact cum se simţeau: încet, timid, cu precauţii.

Generalul german Erwin Rommel, pe de altă parte, era fericit cu aceste condiţii. Vedea totul ca pe un joc de-a războiul. Un joc periculos, nemilos, dezordonat, cu deznodământ rapid. Cel mai important este că s-a angajat în el plin de energie și punând presiune constantă asupra propriilor trupe pentru a înainta tot timpul.

Soldații germani aveau de altfel o vorbă: Frontul se află acolo unde este Rommel.

Acesta trebuie să fie etapa a doua și pentru tine. Să îți îndrepți pașii acolo unde trebuie și să-ți ții drumul.

Este greu să spui asta despre majoritatea liderilor din ziua de azi. Un CEO foarte bine plătit o ține langa în vacanțe nesfârșite și se ascunde în spatele unor e-mailuri generatoare de autorăspunsuri, în vreme ce un programator simplu lucrează 18 ore pe zi pentru a realiza o aplicație pe care o va distruge afacerea falimentară a acelui CEO. Dacă am fi sinceri, ne-am descoperi mai apropiaţi de primul personaj decât de al doilea, atunci când vine vorba despre modul în care ne rezolvăm (sau nu ne rezolvăm) problemele.

În vreme ce dormi, călătorești, iei parte la întâlniri sau pierzi vremea online, ţi se întâmplă același lucru. Te moleșești. Nu ești suficient de agresiv. Nu avansezi. Ai un milion de motive din pricina cărora nu ajungi suficient de rapid la un rezultat. Acest lucru face ca obstacolele din viaţa ta să dureze mult.

În ziua de azi, din diverse motive, tindem să diminuăm importanţa agresivităţii, a asumării riscurilor, atitudini care ne ajută să avansăm. Probabil că din cauză că aceste lucruri sunt asociate în mod negativ cu unele aspecte ale violenţei sau ale masculinităţii.

Earhart a demonstrat că acest fapt nu este adevărat. De altfel, pe partea ei de avion a scris următoarele cuvinte: „Să te gândești tot timpul cu manșa spre înainte". Asta înseamnă că nici măcar nu poţi încetini – pentru că, dacă faci asta, te prăbușești. Reflectează, desigur, dar întotdeauna trebuie să înaintezi.

Aceasta este și ultima parte a soluţiei.

Înaintează întotdeauna.

Rommel știa din istorie, precum Earhart, că cei care atacă problemele și viaţa cu energie și spirit de inițiativă au, de cele mai multe ori, sorți de izbândă. El forţa tot timpul înaintarea, aruncând o panică devastatoare asupra trupelor britanice, care erau mult mai precaute.

Seria de ofensive din Cirenaica, Tobruk și Tunisia l-a condus la una dintre cele mai uimitoare victorii din istoria războiului. A început repede înaintarea, pe când britanicii încă încercau să se acomodeze cu detaliile zonei, iar rezultatul a fost că Rommel a putut să cucerească ceea ce părea să reprezinte terenul cel mai puţin propice vieţuirii de pe Pământ. A atacat în zonele Africii de Nord pe distanţe enorme, prin furtuni de nisip orbitoare, pe călduri ucigătoare, lipsit de provizii de apă, pentru că niciodată nu a acceptat să se oprească din înaintare.

Și-a surprins până și propriii ofiţeri de la comandă, care se așteptau ca, odată cu trecerea timpului, Rommel să o lase mai moale. Ei preferau să facă analize și să ţină discursuri în loc să înainteze. Momentul în care a ajuns la conducerea trupelor a fost devastator - așa cum se întâmplă și în viaţă.

Prin urmare, când ai nemulţumiri legate de atingerea scopurilor, nu sta să te plângi că nu ai la îndemână ceea ce vrei tu, sau că obstacolul este de netrecut. Dacă nici măcar nu ai încercat să faci ceva, cu siguranţă te vei găsi în același loc și în continuare. Nu ai pornit nimic.

Ne referim adesea la curajul societăţii, dar uităm că nivelul primar al acestuia este să faci ceva – fie că este vorba de a te apropia de cineva care te sperie, fie că e vorba de a termina de citit, în fine, cartea despre un subiect pe care trebuie să îl înveţi. Așa cum a procedat și Earhard, toate celebrităţile pe care le admirăm au început prin a spune *da, hai să mergem*. Și, de obicei, au făcut acest lucru în condiţiile cele mai puţin propice.

Doar pentru că nu ai condiţiile pe care ţi le dorești sau pentru că simţi că încă nu ești gata, nu trebuie să te determine să nu faci un pas înainte. Dacă vrei să ai o șansă, trebui să ţi-o creezi, chiar acum, luând o decizie și începând să faci ceva.

Practică perseverența

A spus că cea mai bună cale este întotdeauna cea directă
Sunt de acord cu asta, ba chiar ceea ce am observat
Este că nici nu există altă modalitate decât cea directă.

ROBERT FROST

Timp de mai bine de un an, generalul Ulysses S. Grant a încercat să spargă defensiva orașului Vicksburg, o localitate cocoţată pe stâncile de pe malurile fluviului Mississippi, loc absolut important pentru a împiedica aprovizionarea Confederaţiei pe cel mai important râu din ţară. A încercat să atace frontal. A încercat de pe flancuri. A săpat în câteva luni un nou canal, pentru a schimba cursul râului. A aruncat în aer digurile din amonte și a încercat să lanseze la apă bărci peste orașul inundat.

Nimic din toate acestea nu a funcţionat. În tot acest timp, ziarele chicoteau. Trecuseră luni întregi fără niciun progres. Lincoln a trimis un înlocuitor, iar persoana era în așteptare. Dar Grant refuza să se dea bătut, a refuzat să plece și să se recunoască înfrânt. Știa că, undeva, trebuie să descopere călcâiul lui Ahile. Îl va descoperi sau îl va inventa.

Următoarea mutare a fost împotriva tuturor convenţiilor militare cunoscute. A decis să treacă toate navele de care dispunea prin faţa bateriilor de infanterie inamice care păzeau râul – asumând un risc enorm, pentru că, odată aflat în aval, nu mai puteau să se întoarcă. În ciuda unui schimb de focuri nocturne fără precedent, aproape toate bărcile au putut trece fără a fi afectate. Câteva zile mai apoi, Grant a traversat râul în aval, cu circa 50 de kilometri mai jos, în apropiere de Hard Times, Louisiana.

Planul lui Grant era cutezător. Lăsând în urmă toate proviziile, trupele lui trebuiau să supravieţuiască în timp ce avansau în amonte, cucerind fiecare redută de-a lungul drumului. Pe când Grant însuși asedia Vicksburg, mesajul către soldaţii săi, dar și către inamici, era deja clar: Nu va renunţa cu niciun preţ. Până la urmă apărarea va trebui să cedeze. Grant era de neoprit. Victoria lui nu va fi simplă, dar nimic nu îl va împiedica să o obţină.

Dacă dorim să trecem de obstacole, acesta este mesajul pe care trebui să îl lansăm – atât în exterior, cât și pentru noi înșine. Nu ne vom împiedica de un eșec, nu vom fi grăbiţi sau distrași de zgomotele de fond. Vom sparge cu dalta și vom îndepărta bucăţi din obstacol până ce îl îndepărtăm. Rezistenţa este lipsită de șanse.

La Vicksburg, Grant a învățat două lucruri. Primul dintre ele a fost că insistenţa și încăpăţânarea sunt calităţi incredibile, probabil principalele atuuri care l-au făcut lider. Al doilea lucru a fost, așa cum se întâmplă adesea atunci când te dedici unui ţel, că e cazul să încerci și ceva cu totul nou dacă la un moment dat pare că ai folosit toate ideile cunoscute fără a avea un rezultat. Acea opţiune – de a renunţa la provizii și de a supravieţui din prădarea teritoriilor inamice – reprezenta o strategie care nu mai fusese încercată, iar acum nordiștii o puteau folosi pentru a-i deposeda pe sudiști, încetul cu încetul, de resurse și de capacităţile de luptă.

Prin perseverenţă nu doar că a reușit, dar, epuizând toate variantele greșite, Grant a descoperit o cale cu totul nouă – una care îl va ajuta, de altfel, să câștige războiul.

Povestea lui Grant nu este o excepţie de la regulă. Este *chiar* regula. Așa funcţionează inovaţia.

În 1878, Thomas Edison nu era singurul care făcea încercări legate de becul cu filament. Numai că a fost singurul dispus să testeze 6 000 de filamente diferite – printre care chiar și unul realizat din barba unui coleg de echipă – apropiindu-se cu fiecare pas de ceea ce a funcţionat în final.

Firește că până la urmă a găsit soluţia optimă – demonstrând, cumva, că genialitatea constă, uneori, doar în perseverenţă. Folosindu-și întreaga capacitate fizică și intelectuală – fără a se plânge de oboseală sau fără a vrea să renunţe – Edison și-a depășit competitorii nerăbdători, iar investitorii și presa au descoperit soluția de a face lumină în întreaga lume.

Nikola Tesla, care lucrase timp de un an în laboratorul lui Edison, în perioada în care a fost inventat becul cu bulb, glumea, spunând că, dacă Edison ar trebui să găsească acul în carul cu fân, atunci ar lua pai cu pai până când l-ar găsi. Ce-i drept, de cele mai multe ori, chiar asta trebuie făcut.

Când luptăm cu obstacolele, este de folos să îi avem în minte pe Grant și pe Edison. Grant pufăind un trabuc. Edison în laborator, zile la rând. Ambii fără să cedeze, dând dovadă de perseverenţă rece, în spiritul poemului despre un alt Ulise, semnat de Alfred Lord Tennyson, „să se străduiască, să caute, să găsească“. Ambii, refuzând să renunţe, întorcând în mintea lor lucrurile pe toate feţele și încercând orice variantă cu la fel de mare entuziasm. Știind că până la urmă – *obligatoriu* – una va funcţiona. Binecuvântând posibilitatea de a testa și a testa și a testa, recunoscători pentru cunoștinţele noi, pe care le-au dobândit astfel.

Ceea ce stă în faţa ta nu va pleca nicăieri. Nu îl poţi scoate din minte sau nu îl poţi face să dispară printr-o magie care să schimbe lumea. Trebuie să îl privești, pe el și pe cei din jur, cei care deja au pornit, probabil, corul de îndoieli și scuze, și trebuie să spui, precum Margaret Thacher: „Te poţi schimba dacă dorești. Doamna însă nu se va schimba".

Prea mulţi dintre noi sunt tentaţi să creadă că marile reușite, precum cele ale lui Grant și Edison, vin dintr-o străfulgerare internă. Că aceștia au trecut peste obstacole prin genialitate. De fapt, este vorba despre o activitate de migală, reluată din unghiuri diferite, prin eliminarea unor piste care păreau promiţătoare la un moment dat, prin găsirea altora care au condus, în cele din urmă, la soluţia corectă.

Ce dacă această metodă nu e la fel de „științifică" sau de „potrivită" ca altele? Ceea ce contează este că dă rezultate.

Obții rezultate dacă urmezi această cale. Chiar este simplu. (Asta nu înseamnă că este și ușor.)

De obicei avem toate cunoștințele și forța necesare pentru a trece peste încercările vieții. Dar avem și răbdarea de a ne perfecționa metoda? Energia de a bate la suficiente uși pentru a găsi, în cele din urmă, investitorii sau susținătorii pe care îi căutăm? Avem perseverența de a rezista în luptele fratricide și cu complicațiile inevitabile ale lucrului în echipă?

Odată ce ai început să ataci un obstacol, renunțarea nu mai este o opțiune. Poți abandona o pistă în favoarea alteia, care pare mai promițătoare? Sigur, dar asta nu trebuie să însemne abandonul. În momentul în care te gândești să renunți, deja e un semnal de alarmă. S-a terminat.

Adoptă această mentalitate:

- niciodată în grabă
- niciodată îngrijorat
- niciodată disperat
- niciodată nu te oprești din drum.

Amintește-ți și poartă în minte o frază spusă de Epictet: „perseverează și rezistă". Perseverează în eforturile pe care le depui. Rezistă tentației de a te dedica distracției, descurajării, dezordinii.

Nu e nevoie să îți dai sufletul pentru asta și nici să te simți grăbit. Nu e nevoie de supărare sau disperare. Nu trebuie să pleci niciunde – nimeni nu te cronometrează. Ai un drum lung de terminat.

Atunci când ai de înfruntat întregul drum nu e nevoie să te îngrijoreze trecerea timpului. Știi că nu te poți opri până nu termini – asta înseamnă că vei folosi fiecare clipă pe care o ai. Așa că eșecurile de etapă nu sunt descurajante. Sunt doar pasaje dintr-o lungă șosea pe care vrei să o parcurgi până la capăt.

Atunci când realizezi lucruri noi vei da sigur peste obstacole. O nouă cale este, prin definiție, neclară. Doar prin perseverență, în timp, putem curăța drumul și putem da la o parte obstacolele. Doar prin lupta cu dificultățile care îi fac pe alții să renunțe ne putem asigura un spațiu doar al nostru – doar prin perseverență și rezistență putem învăța ceea ce alții nu au avut răbdare să afle.

Este firesc să te simți descurajat. Dar nu este bine să renunți. Perseverența asta înseamnă să știi că vrei să renunți, dar să mai faci un pas, cât de mic, înainte, până ce vei cuceri ceea ce părea de necucerit.

Edison a explicat cândva că în inventică „primul pas este o intuiție – și vine ca o explozie – apoi încep să apară dificultățile". Ceea ce l-a deosebit pe Edison de alți inventatori a fost toleranța în fața acestor dificultăți și dăruirea constantă cu care s-a dedicat rezolvării lor.

Cu alte cuvinte: *este firesc* să fie greu. Primele încercări *nu vor da rezultatele așteptate*. Te vor cam stoarce de energie, dar aceasta se reface constant. Este o resursă regenerabilă. Încetează să mai cauți miracole, caută mai bine punctele slabe. Nu mai căuta îngeri păzitori, caută moduri noi de a vedea situația. Există soluții. Fii pregătit pentru un drum lung și încearcă fiecare opțiune pe care o ai, vei izbândi în cele din urmă.

Când suntem întrebați unde ne aflăm, ce facem, cum stă treaba, răspunsul trebuie să fie limpede: ne străduim. Suntem aproape de rezolvare. Dacă simțim că se apropie eșecul, răspunsul este că ne vom strădui și mai tare.

Repetă

Ce este înfrângerea? Nimic altceva decât educație: nimic altceva decât primul pas spre ceva mai bun.

WENDELL PHILLIPS

În Silicon Valley, start-upurile nu sunt pornite ca afaceri gata făcute, finalizate. Dimpotrivă, ele scot în prim-plan concept Ul de „Minimum Viable Product“ (MVP) (valoarea minimă a produsului) – versiunea cea mai simplă a ideii de bază, cu unul-două componente fundamentale.

Ideea este să observi reacția imediată a clienților. Dacă reacția este slabă, atunci pierderile tale sunt mici și nedureroase. Asta te ajută să nu investești mai mult decât trebuie, într-un produs pe care nu îl vrea nimeni.

Inginerilor le place să glumească pe această temă spunând că Eșecul este o Calitate.

Nu este doar o glumă. Eșecul chiar poate fi un câștig, dacă ceea ce încerci este să îmbunătățești, să înveți, să realizezi ceva nou. Este o caracteristică anterioară aproape a oricărui tip de succes. Nu e nimic rușinos în a te înșela, în a alege o altă cale, la un moment dat. De fiecare dată când facem asta ni se deschid noi perspective. Problemele se transformă în șanse.

Vechiul mod de a face afaceri – în care companiile ghiceau ceea ce își doresc clienții pe baza unor cercetări, iar apoi porneau producția, fără a avea niciun fel de reacție directă – arată o teamă de nereușită, o relație fragilă în raport cu aceasta. Dacă un produs de top este un eșec din ziua în care a fost lansat, tot efortul de a-l realiza a fost în zadar. Dacă va avea succes, nimeni nu va ști exact motivele pentru care s-a întâmplat astfel. Modelul MVP, pe de altă parte, acceptă eșecul și reacția. Producătorul devine mai puternic în cazul eșecului, înlăturând lucrurile care nu au mers bine, de care clienții nu sunt satisfăcuți, iar apoi se concentrează pentru a dezvolta, cu resurse bine folosite, aspectele care au fost acceptate.

Într-o lume în care muncim tot mai mult pentru noi înșine, suntem responsabili pentru propria persoană, capătă sens să ne privim ca pe niște start-upuri – unele individuale de această dată.

Asta presupune schimbarea relației pe care o avem cu eșecul. Asta înseamnă repetare, eșec, îmbunătățire.

Capacitatea noastră de a încerca la nesfârșit este strâns legată de posibilitatea și acceptarea ideii de nereușită.

Pe drumul spre succes vom rata – chiar de mai multe ori. Și nu e nimic în neregulă cu asta. Poate fi chiar un lucru bun. Acțiunea și nereușita sunt două fețe ale aceleiași monede. Una nu poate să existe fără cealaltă. Ceea ce strică această regulă este o persoană care renunță să mai facă ceva – pentru că vede nereușita cu ochi răi.

Când avem un insucces trebuie să ne întrebăm: *Ce a mers rău de data asta? Ce se poate îmbunătăți. Ce mi-a scăpat?* O asemenea atitudine poate să nască moduri alternative de a face ceea ce este nevoie, unele chiar mai bune decât cele inițiale. Eșecul te aruncă în corzi și te obligă să te gândești cum poți ieși de acolo. Este o sursă de inspirație.

De aceea poveștile marilor succese sunt, de regulă, precedate de nereușite monumentale – pentru că cei implicați au trebuit să regândească totul. Nu le-a fost rușine să dea greș, dar s-au ambiționat din acest motiv. Uneori, în sport, e nevoie de o ratare cu puțin pentru a convinge un concurent că are capacitatea de a depăși performanțele adversarului mai bun decât el (care îl învinsese mereu până atunci). Înfrângerea poate fi dureroasă, dar, așa cum spunea Franklin, poate fi și instructivă.

În afaceri, luăm eșecurile mai puțin personal și acceptăm că ele fac parte din joc. Dacă o investiție sau un produs nou aduc profit, este foarte bine. Dacă reprezintă un eșec, nu ne afectează prea mult, pentru că ne așteptam și la asta – nu ne-am pus chiar și ultimul bănuț în acea investiție.

Marii întreprinzători sunt cei care:

- nu se mulțumesc cu o situație
- nu se tem să riște o parte din investiție
- nu sunt jenați sau amărâți
- nu părăsesc jocul pentru prea mult timp.

Ei sunt cei care derapează de multe ori, dar nu cad niciodată.

Chiar dacă știm că avem lucruri de învățat dintr-un eșec – lecții pe care le-am văzut cu ochii noștri – nu profităm îndeajuns de pe urma lui. Facem orice ne stă în putință să-l evităm, considerând că este jenant sau rușinos.

Bine, dar de ce aș vrea să am un eșec? Este dureros.

Niciodată nu aș spune că nu este așa. Dar nu putem oare spune că în cazul unui eșec anticipat, sau de etapă, lucrurile sunt mai puțin dureroase decât în cazul unui eșec catastrofal, permanent? Așa cum orice școală bună costă, și învățămintele dintr-un eșec vin cu un preț. Taxele sunt achitate prin disconfort, prin pierderi și prin faptul că trebuie să o iei de la capăt.

Fii mulțumit că ai de plătit ceva. Nu există un profesor mai bun decât acesta pentru carieră, pentru CV, pentru viitor. Există o poveste despre cum un căpitan irlandez de vas a reușit să localizeze toate stâncile dintr-un port – folosind fundul propriului vas. Orice funcționează e bun, nu?

Să ni-l amintim pe Erwin Rommel și victoriile lui rapide asupra forțelor britanice și americane din nordul Africii. Mai e de spus o parte a poveștii. Forțele aliate au folosit, la un moment dat, dezavantajele pe care le aveau în luptă spre propriul folos. Churchill știa că vor trebui să facă primul pas undeva, împotriva germanilor, dar știa și că făcea acest lucru cu riscul de a pierde și pe frontul din Europa, ceea ce ar fi fost un dezastru pentru psihicul armatei.

În nordul Africii, britanicii au învățat cum să lupte împotriva germanilor – și au descoperit asta din înfrângeri. Dar era un lucru acceptabil, pentru că se așteptau la așa ceva și era în conformitate cu strategia lor. Au acceptat situația dată pentru că știau, precum Grant și Edison, ce reprezintă cu adevărat un eșec: el era doar un preambul al victoriei care va veni la un moment dat. Rezultatul concret a fost că trupele aliate din Italia și din Franța au răspuns, ulterior, mult mai bine atacurilor soldaților trimiși de Hitler.

Singura modalitate prin care nu vom avea nimic de câștigat dintr-un eșec – și asta ar însemna că este un lucru rău – ar fi să nu tragem niciun fel de învățăminte de pe urma lui. Să continuăm să încercăm același lucru la nesfârșit (ceea ce este chiar definiția nebuniei). Oamenii au mici eșecuri tot timpul. Numai că nu învață nimic. Nu vor să asculte. Nu văd cauzele care au dus la acea situație. Nu devin mai buni.

Mințile înguste și rezistente la schimbare sunt ale tipologiilor umane prea preocupate cu nimicurile, pentru a mai observa și că lumea nu are timp pentru pălăvrăgeală și pentru a-i convinge de propriile erori. Cei grei de cap și slabi de înger sunt prea egoiști pentru a ieși cu bine dintr-un eșec.

Ar cam fi timpul să ne dăm seama că ni se transmite ceva prin fiecare eșec sau acțiune. Răspunsul tău la această situație – care îți oferă instrucțiuni clare despre cum să devii mai bun, are darul de a te scoate din ceață. Eșecul vrea să te învețe ceva. *Ascultă.*

Învățăturile sunt greu de auzit doar dacă ești surd la ele.

Nu fi surd la ele.

A putea vedea și înțelege lumea prin prisma aceasta te ajută să depășești mai ușor obstacolele. Este locul în care negativul devine pozitiv. Putem schimba într-o oportunitate ceva ce părea a fi o mare dezamăgire. Eșecul ne arată drumul – prin faptul că ne indică încotro este direcția greșită.

Urmează procesul

Sub val, haosul sau calea dreaptă sunt identice.

HERACLIT

Antrenorul Nick Saban nu aducea des vorba despre această întâmplare, dar toți asistenții lui și jucătorii pe care i-a antrenat o aminteau. O povesteau în locul lui, purtând-o în minte tot timpul, pentru că tot succesul lor se bazează pe asta: pe proces.

Saban, antrenorul principal al echipei de fotbal american a Universității Alabama – care a avut probabil cea mai lungă dominație în fotbalul la nivel de colegiu – nu era atent la aspectele care îi interesau pe ceilalți antrenori, sau, cel puțin, nu la modul în care o făceau aceștia. El îi învăța pe sportivi Procesul.

> *„Nu te gândi la câștigarea Campionatului. Gândește-te la ce e util pentru acest antrenament, pentru acest joc, în acest moment. Acesta este procesul. Hai să vedem ce putem realiza azi, să facem ce ne e la îndemână."*

În haosul din sport, la fel ca în cel din viață, procesul ne arată o cale.

Poți spune: bine, am ceva foarte dificil de realizat. NU te gândi la asta. Mai bine descompune acel lucru în componente. Pur și simplu fă ceea ce *trebuie* să faci *în acel moment*. Și fă bine acel lucru. Iar apoi treci mai departe, la următorul. Urmează procesul, nu te gândi la premiu.

Drumul spre un campionat desfășurat umăr la umăr este doar atât, un drum. Iar acest drum este realizat în mai mulți pași. Excelența ține de acești pași. Excelezi la pasul acesta, apoi la următorul, apoi la altul și apoi tot așa. Procesul lui Saban constă doar în asta – a exista doar în prezent, a face totul pas cu pas, fără a fi distras de nimic altceva. Nici de altă echipă, nici de tabela de marcaj sau de suporteri.

Procesul înseamnă a finaliza. A finaliza competițiile. A finaliza antrenamentele. A finaliza filmările. A finaliza repetările de exerciții. A finaliza orice sarcină, cât de mică, pe care o ai în față, și a o finaliza bine.

Fie că e vorba de a căuta succesul pe terenul tău de activitate, sau pur și simplu a depăși vreo încercare dureroasă și sâcâitoare, metoda funcționează. Nu te gândi la final – gândește-te la supraviețuire. Încearcă să faci totul etapă cu etapă, pas cu pas, totul pe rând.

Atunci când ai realizat acest lucru și l-ai făcut corect, chiar și cele mai dificile situații devin controlabile Asta pentru că procesul este relaxant. Dacă îl asumăm, nu mai avem parte de panică. Chiar și sarcinile cele mai mari devin doar o serie de părți componente ale unui întreg.

Acest lucru a fost arătat de James Pollard Espy, unul dintre marii pionieri ai meteorologiei din secolul al XIX-lea, într-o întâlnire întâmplătoare. Neputincios să scrie și să citească până la vârsta de 18 ani, Espy a luat parte la un discurs emoționat al unui celebru orator, Henry Clay. După discurs, Espy a încercat, vrăjit fiind de acel moment, să ajungă la Clay, numai că nu a reușit să se exprime pentru a adresa câteva cuvinte idolului său. Unul dintre amici l-a ajutat: „Vrea să fie precum dumneavoastră, deși nu știe nici să citească“.

Clay a luat unul dintre afișe, pe care scria CLAY cu litere de tipar. L-a privit pe Espy și i-a spus. „Vezi asta, puștiule?“ arătând spre o literă. „Acesta este A. De acum mai ai doar 25 de litere de învățat“.

Espy tocmai învățase ceea ce înseamnă proces. În mai puțin de un an de la acel moment intrase deja la colegiu.

Știu că povestea poate părea prea simplă. Hai să ne imaginăm, pentru un moment, un maestru care practică o îndeletnicire extrem de complicată, dar o face să pară simplă. Fără încordare, fără chin. Foarte relaxat. Fără sforțare sau teamă. Doar mișcări clare, care se succed. Iată, acesta este rezultatul unui proces.

Nu e nevoie să ne încrâncenăm, așa cum suntem adesea înclinați să o facem, atunci când ne așteaptă sarcini dificile. Îți amintești de momentul în care ai văzut pentru prima oară o ecuație de algebră? Părea doar o amestecătură de simboluri și de necunoscute. Dar apoi te-ai oprit, ai tras aer în piept, și ai demontat-o. Ai izolat variabilele, le-ai găsit soluția și tot ce a rămas a fost răspunsul final.

Fă același lucru și acum, cu orice obstacol care îți apare în cale. Putem trage aer în piept, iar apoi să facem lucrurile care ne stau în putință – și apoi lucrurile care decurg de aici. Totul în ordine, totul în relație cu celelalte.

Atunci când vine vorba despre activitate, dezordinea și neatenția înseamnă moarte. Mințile dezordonate pierd din vedere ceea ce le stă în față – ceea ce contează – și se lasă amăgite de gânduri referitoare la viitor. Procesul înseamnă ordine, ne ține în frâu percepțiile și ne sincronizează activitățile.

Pare evident, însă noi uităm aceste lucruri atunci când ele contează cel mai mult. Dacă acum îți bate cineva la ușă și te pune la pământ cum vei răspunde? Probabil vei fi panicat. Și apoi vei încerca din răsputeri să îl dai la o parte. Nu vei reuși, pentru că doar prin greutatea trupului va reuși să te țină lipit de podea cu un efort minim – și vei deveni repede ostenit de atâta efort.

Asta este ceva diametral opus procesului.

Există o cale mult mai simplă de rezolvare. Înainte de orice, nu intra în panică, păstrează-ți energia. Nu vei mai întreprinde nimic aiurea, cum ar fi să te zvârcolești fără să gândești. Te vei concentra asupra modului în care lucrurile să nu devină mai grave. Apoi ridici brațele, pentru a crea puțin spațiu pentru respirat. Apoi vei încerca să te întorci pe o parte. Din această poziție deja îți poți propune să îl dai jos de pe tine. Ridici o mână, înlături un picior, împingi din șolduri, te ridici într-un genunchi și îl dai la o parte.

Va lua ceva timp, dar te vei elibera. Cu fiecare etapă, persoana de deasupra este obligată să cedeze câte puțin, până când va pierde totul. Apoi ești liber – mulțumită procesului.

A fi prins într-o capcană este doar o stare de moment, nu este un destin. Ieși din această situație analizând și eliminând fiecare parte a ei prin acțiuni mici, premeditate – nu încercând (și nereușind) să înlături obstacolul prin puteri supraomenești.

În privința competitorilor din afaceri, ne stoarcem creierii pentru a găsi noi produse revoluționare care să îi pună pe ei în umbră. Nu știm cum să terminăm mai ușor scrierea unei cărți sau regizarea unui film, deși a fost visul nostru dintotdeauna, dar pentru că este atâta muncă de făcut, nu ne putem imagina cum să o scoatem la capăt.

De câte ori nu ne compromitem, sau nu ratăm ceva, din cauză că soluția reală pare prea ambițioasă, sau nu pare a ne fi la îndemână? De câte ori nu spunem că o schimbare este imposibilă, pentru că ar fi prea mare? Că implică prea multe lucruri diferite? Sau, și mai rău, câți oameni nu devin pur și simplu paralizați de propriile idei? Le urmăresc pe toate și nu ajung nicăieri, se distrag singuri și nu apucă să ducă nimic la bun sfârșit. Ideile par la început strălucite, desigur, dar puține ajung să fie realizate. Rareori cineva reușește să ajungă acolo unde și-a propus și acolo unde ar trebui.

Toate aceste aspecte pot fi rezolvate. Toate se soluționează prin proces. Noi pornim de la presupunerea că toate ar trebui să se îndeplinească simultan, așa că renunțăm atunci când conștientizăm că asta nu se întâmplă. Gândim de la A la Z, suntem neliniștiți în privința lui A, obsedați de Z, dar uităm complet de literele de la B la Y.

Ne place să avem țeluri, deși tot ceea ce facem se cam rezumă la intenții. Când știm cu exactitate ceea ce ar trebui să facem, atunci obstacolele care ne apar în cale par ceva mai ușor de depășit, par mai mici. Când nu știm clar ce trebuie făcut, obstacolele par mari, imposibil de trecut. Obiectivele ne ajută să echilibrăm mai bine lucrurile.

Când ne pierdem concentrarea, când începem să ne preocupăm de orice altceva decât de eforturile pe care trebuie să le facem și de mersul lucrurilor, procesul devine util, este ca o voce autoritară din mintea noastră. Este vocea rațiunii, un fel de șef experimentat care știe exact ce trebuie făcut:

> *Taci. Mergi înapoi la locul de muncă și încearcă să afli ce trebuie făcut, în loc să te plângi de situația în care suntem. Știi care e treaba ta. Încetează văicăreala și treci la treabă.*

Procesul este vocea care ne cere să fim responsabili și să avem stăpânire de sine. Ne îndeamnă *să facem* ceva, chiar dacă este ceva limitat.

Sa fim precum o mașină care nu obosește, care înfrânge orice fel de rezistență, oricum s-ar manifesta ea, încetul cu încetul. Înaintând pas cu pas. Substituind forța brută cu procesul. Înlocuind teama cu procesul. Depinzând de acesta. Sprijinindu-ne pe el. Având încredere în el.

Nu te grăbi. Unele probleme sunt mai dificile decât altele. Încearcă să le soluționezi pe cele care îți sunt la îndemână. Vei ajunge și la celelalte mai târziu. Le vei aborda și pe acelea.

Procesul înseamnă să faci ceea ce trebuie, *chiar acum*. Nu să te îngrijorezi de ceea ce s-ar putea întâmpla, de rezultate sau de situația în ansamblu.

FII PRAGMATIC

Fă-ți treaba. Fă-o bine!

Orice lucru bine făcut, oricât de modest, este nobil.
(Quidvis recte factum quamvis humile praeclarum)

SIR HENRY ROYCE

La mult timp după începuturile modeste din punct de vedere profesional, președintele Andrew Johnson vorbea mândru despre activitatea sa de croitor de dinainte de a se implica în politică. „Hainele croite de mine nu s-au rupt sau descusut", spunea el.

Într-o campanie electorală, o persoană care îl interpela a vrut să îl pună în dificultate vorbind despre originile sale umile. Johnson a replicat fără drept de apel: „Nu mă deranjează deloc acest aspect. Când am fost croitor aveam reputația unui profesionist, care face haine de calitate și care este de fiecare dată gata la timp în privința comenzilor".

Un alt președinte, James Garfield, a reușit să ajungă la colegiu în 1851, convingând instituţia de învăţământ, Western Reserve Eclectic Institute, să îi permită și să lucreze ca portar, pentru a face rost de bani pentru taxe. A făcut această activitate zilnic, zâmbind, fără nicio urmă de rușine. În fiecare dimineaţă el era cel care suna clopoţelul pentru începerea cursurilor – ziua lui de muncă începea cu mult timp înainte de asta – și apoi participa la cursuri cu bucurie și nerăbdare.

La doar un an de la începerea studiilor devenise profesor – preda un curs întreg, pe lângă cele pe care le urma. La 26 de ani ajunsese chiar decan.

Asta se întâmplă atunci când îţi faci treaba – oricare ar fi ea – și dacă o faci bine.

Aceste persoane au depășit situaţia mediului social modest din care proveneau și au ajuns la putere, pentru că au făcut mereu ceea ce li se cerea să facă – și au realizat totul așa cum trebuie, ba chiar cu mândrie. Făcând totul mai bine decât oricine altcineva. De fapt, făcând lucrurile pe care alţii nu doreau să le facă.

Uneori, pe drumul spre unde ne dorim să ajungem, trebuie să facem și lucruri pe care, în condiții normale, nu le-am face. Cel mai adesea, atunci când pornim spre un țel nou, primul job este „să facem cunoștință cu munca de jos", așa cum spunea și Andrew Carnegie. Nu e nimic rău în asta. Este doar o altă șansă pentru a evolua – și pentru a învăţa.

Numai că tu ești prea ocupat să te gândești la viitor, nu pui prea mult suflet în ceea ce faci acum. Îţi faci treaba, îţi iei salariul și te gândești la următoarea promovare. Adică te gândești cam așa: *E doar un job, nu mă reprezintă, oricum nu prea contează.*

Prostii.

Tot ceea ce facem contează – fie și dacă suntem barmani ca să facem rost de ceva bani – ba chiar și după ce am atins succesul pe care îl speram. Totul reprezintă o șansă de a face ceva și de a fi cel mai bun. Doar idioţii prea absorbiţi de propria persoană consideră că oricum sunt prea buni pentru orice le-ar rezerva viitorul.

Orice am fi, orice am face și în orice direcţie ne-am îndrepta ne datorăm nouă înșine, respectului de sine și lumii întregi, să lucrăm bine. Asta este prima noastră grijă. Și chiar obligaţie. Când a face ceva devine prioritatea noastră, orgoliul se risipește.

Un pictor oferă gratuit multe pânze și achită multe comisioane de-a lungul vieţii, dar ceea ce contează este că lucrează la fiecare tablou cu maximă atenţie. Faptul că va fi cel mai frumos sau cel mai bine plătit tablou nu e atât de relevant. Fiecare proiect în parte contează, iar singurul aspect degradant ar fi să depui mai puţin efort decât ești cu adevărat capabil.

La fel stau lucrurile și în privinţa noastră. Vom fi și vom face tot felul de lucruri de-a lungul vieţii. Unele ţin de prestigiu, altele aduc bani, dar niciunul nu este prea neînsemnat pentru noi.

Treaba noastră este ca, pentru orice ni se oferă, să răspundem prin:

- muncă serioasă
- onestitate
- ajutor pentru alţii, atât cât putem.

Nu ar trebui să te întrebi niciodată: *Bine, dar cam ce ar trebui să fac acum?* Știi deja răspunsul. Trebuie să îţi faci treaba.

Dacă observă cineva, dacă ești plătit pentru asta, dacă proiectul are succes – astea nu contează. Putem și trebuie să acţionăm de fiecare dată având în minte aceste trei reguli – indiferent de obstacole.

Nu va exista niciodată un obstacol care chiar să ne împiedice să ne îndeplinim datoria – chiar dacă uneori provocările pot fi mai ușoare sau mai dificile, ele nu sunt niciodată imposibile. Fiecare treabă trebuie făcută cât mai bine. Chiar dacă avem de înfruntat falimentul și furia clienţilor, chiar dacă numărăm câștigul și decidem încotro îl investim din acel moment, atâta timp cât am făcut tot ceea ce era posibil, putem fi mândri de alegerile noastre și încrezători că ele au fost cele mai bune. Pentu că ne-am făcut treaba – oricare ar fi ea.

Da, da, am înțeles. „Obligații" sună sufocant și apăsător. Vrei să ai posibilitatea să faci tot ceea ce îți place.

Dar îndatorirea este frumoasă, inspirațională și îți dă putere.

Steve Jobs era interesat chiar și de componentele din interiorul produselor, asigurându-se că piesele sunt realizate frumos chiar dacă utilizatorii nu le puteau vedea. A fost învățat de tatăl său – care finisa chiar și spatele dulapurilor pe care le construia, știind bine că acestea nu se vedeau, fiind lipite de perete – să gândească asemeni unui meșteșugar. Pentru orice categorie de proiecte, Jobs avea instrucțiuni precise: ai respect față de profesie și realizează ceva frumos.

Desigur, fiecare situație este diferită. Nu vom inventa următorul iPad sau iPhone, dar facem și noi ceva pentru cineva – chiar dacă nu este doar meritul nostru acolo. Fiecare parte – mai ales din acel gen de activitate pe care nu o vede nimeni, lucrurile mai complicate, pe care am vrut să le evităm sau de care am vrut să ne debarasăm – le putem aborda asemeni lui Jobs. Cu mândrie și cu abnegație.

Marele psiholog Viktor Frankl, supraviețuitor a trei lagăre de concentrare, și-a găsit sprijinul moral într-o întrebare de când lumea: „Care este scopul vieții?" S-ar putea spune că e treaba altcuiva să ne răspundă la întrebare. Numai că el a crezut că e treaba fiecăruia dintre noi să răspundă personal. Și, mai ales, trebuie să răspundem prin acțiunile noastre.

În fiecare situație, viața ne pune întrebări, iar ca răspunsuri avem acțiunile noastre. Treaba noastră este să răspundem bine.

Să acţionăm așa cum trebuie – fără egoism, cu abnegaţie, cu pricepere, creativ – acesta este cel mai bun răspuns la întrebare. Este o modalitate de a găsi înţelesul vieţii. Și de a transforma orice obstacol în oportunitate.

Dacă aceste lucruri ţi se par a fi o povară, atunci le înţelegi greșit.

Pentru că tot ceea ce avem de făcut sunt aceste trei lucruri mici – să ne străduim, să fim onești, să ne ajutăm pe noi și pe alţii. Asta este tot ceea ce ni se cere. Nici mai mult, nici mai puţin.

Desigur, scopul este foarte important. Dar nu trebuie să uităm și că fiecare etapă contează – fiecare parte este o imagine a întregului. Întregul nu este ceva cert, dar etapele sunt.

Așa cum faci fiecare lucru, așa poţi face orice.

Trebuie să ne comportăm mereu corect.

Ceea ce este corect funcționează

Castravetele este amar? Aruncă-l.
Sunt mărăcini în calea ta? Ocolește-i.
Asta e tot ceea ce trebuie să știi.

MARCUS AURELIUS

În 1915, în inima junglei din America de Sud, conflictul major dintre două firme rivale care produceau fructe a luat sfârșit. Fiecare dintre ele dorea cu disperare să cumpere același lot de cinci sute de acri de pământ roditor.

Problema? Doi localnici pretindeau simultan că sunt proprietari. În tărâmul nimănui aflat între Honduras și Guatemala, niciuna dintre companii nu a fost capabilă să demonstreze care era adevăratul proprietar de la care să poată cumpăra terenul.

Modul în care a fost găsită rezolvarea acestei situații este definitoriu pentru cultura organizațională și valorile interne ale unei companii. Una dintre firme era mare și puternică, cealaltă era abilă și isteață. Prima era una dintre cele mai puternice corporații din SUA: United Fruit. Cea de-a doua, o companie mică, aflată la început, deținută de Samuel Zemurray.

Pentru a soluționa litigiul, United Fruit a trimis pe teren o echipă de avocați de top. Aceștia s-au apucat să scotocească după orice colț de document care să le vină în ajutor, fiind gata să plătească orice pentru asta. Bani, timp, resurse – acestea nu constituiau o problemă.

Zemurray, competitorul cel mic și lipsit de educație, părea deja învins, nu? Nu avea cum să joace precum ei. Așa că nici nu a încercat. Flexibil, coerent, provocator, s-a întâlnit separat cu fiecare dintre cei doi presupuși proprietari și a cumpărat terenul de la fiecare dintre ei. A plătit de două ori, desigur, dar povestea luase *sfârșit*. Deținea terenul.

Uită de regulile ca la carte, rezolvă problema.

Aceasta este întruchiparea **pragmatismului**. Nu fi preocupat de calea „dreaptă", ci de calea **potrivită**. Așa reușim să rezolvăm lucrurile.

Zemurray depășea de fiecare dată obstacolele în felul acesta. Când i s-a spus că nu poate construi un pod, de care avea absolută nevoie pentru a trece peste râul Utila – deoarece oficialii guvernamentali fuseseră mituiți de competitori pentru a declara podurile ilegale – Zemurray le-a cerut inginerilor să constuiască doi piloni. Între ei, în mijlocul râului, a clădit un ponton temporar, care putea fi montat și demontat în câteva ore. Calea ferată funcționa pe ambele maluri, mergând în ambele direcții. Când United Fruit a făcut plângere, Zemurray a zâmbit și a răspuns. „Păi acesta nu este pod. Este un amărât de debarcader".

Uneori faci lucrurile în felul *acesta*. Alteori le faci în felul *acela*. Nu aplicând măsurile pe care le-ai învățat la școală, ci adaptându-le pentru a se potrivi cu fiecare situație în parte. Orice, numai *să funcționeze* – acesta este mottoul.

Risipim mult timp gândindu-ne cum ar trebui să fie lucrurile sau ce reguli se presupune că este bine să aplicăm. Încercăm să facem totul perfect. Ne promitem că vom începe imediat ce condițiile sunt favorabile sau imediat ce ne vom putea încrede într-una sau în alta. De fapt, ar fi cazul să ne concentrăm să facem ceea ce avem de făcut. Să ne gândim la rezultat, în loc să ne gândim la metodele grațioase prin care să îl obţinem.

Cam așa se spune în jujitsu brazilian, nu contează cum ţi-ai pus adversarul la pământ, atâta timp cât ai reușit să faci acest lucru.

Zemurray nu a pierdut niciodată din minte scopul: să poată traversa cu bananele dincolo de râu. Nu conta dacă pentru asta avea nevoie de un pod sau de doi stâlpi cu un doc între ei, atâta timp cât transportul ajungea la destinaţie. Atunci când a intenţionat să înceapă o plantaţie de bananieri, nu a fost important să găsească un anume proprietar al terenului – ci *să devină* el deţinătorul de drept al acestuia.

Și tu ai misiunea ta, oricare ar fi ea. Pentru a o îndeplini, ca și noi, ceilalţi, ești prins între felul în care vrei să arate lucrurile și modul în care arată ele în realitate (care pare a fi un dezastru, de fiecare dată). Cât de departe ești dispus să mergi? Ce ești pregătit să faci pentru asta?

Renunţă la văicăreli. Renunţă la nehotărâre. Nu te mai lăsa pradă fricii și lipsei de putere. Nu poţi pleca, pur și simplu, acasă la mami. Cum ai de gând să rezolvi situaţia? Cum ai de gând să ocolești regulile care te ţin din drum?

Poate că este nevoie să fii puțin mai șiret și mai convingător, în loc să vrei să te simţi confortabil în situaţia dată. Asta presupune mai degrabă să ignori, uneori, niște reguli învechite sau să ceri iertare conducerii mai târziu, decât să ceri acordul acum (care știi că nu va veni). Tot ceea ce contează, atunci când ai ceva important de făcut, este că ai realizat acel lucru.

La 21 de ani, Richard Wright nu era scriitorul cunoscut în toată lumea, cel care urma să devină. Sărac și de culoare, a hotărât că se va pune pe citit și nu-l va opri nimeni să facă asta. Credeți că a luat cu asalt biblioteca și a făcut scandal pentru că nu i se acorda dreptul de a împrumuta cărți? Nu, în Jim Crow South nu putea face asta. Dar a scris un bileţel în care spunea: „Dragă doamnă, îmi înmânaţi, vă rog, prin acest băiat negru, câteva cărţi de H.L. Menchen?" (pentru că nimeni nu ar scrie așa ceva despre sine, nu?), așa că le-a putut obţine cu un abonament furat, prefăcându-se că sunt pentru altcineva.

Cu o miză așa de mare, trebuie să fii pregătit să încalci niște reguli sau să faci ceva nebunesc, la disperare. Să îţi îndrepți nasul către autorităţi și să spui *Ce? Acesta nu este un pod. Nu știu la ce vă referiți.* Sau, în unele situaţii, să le arăţi degetul mijlociu unor persoane care nu te lasă în pace și să îi trimiţi undeva, încălcând orice reguli de bun-simţ.

Pragmatismul nu înseamnă atât de mult realism, cât flexibilitate. Sunt multe feluri în care poţi ajunge de la A la B. Nu trebuie neapărat să fie o linie dreaptă. Trebuie doar să te ducă acolo unde ai de ajuns. Numai că, foarte mulţi dintre noi consumă destul timp căutând soluţia perfectă, fără a vedea ceea ce ne stă chiar la îndemână.

Deng Xiaoping a spus odată: „Nu-mi pasă dacă pisica este albă sau neagră, atâta timp cât prinde șoareci".

Stoicii au propria lor zicală: „Nu pleca la drum așteptându-te la Republica lui Platon" .

Pentru că nu vei întâlni niciodată acest gen de perfecțiune. Mai bine obține ce-i mai bun din ceea ce ai. Pragmatismul este departe de idealism. Primul iPhone a fost revoluționar, însă tot a fost lansat pe piață fără funcția de *copy-paste* și alte aplicații pe care Apple și-ar fi dorit să le aibă incluse. Steve Jobs, presupusul perfecționist, știa că, la un moment dat, trebuie să faci un compromis. Ceea ce conta a fost ca treaba să fie gata și ca produsul să *funcționeze.*

Începe să gândești precum un pragmatist radical. Fii ambițios, agresiv, pornește de la idealuri, dar fii și atent la partea practică a lucrurilor, ghidat de ceea ce este posibil. Nu vei avea orice ți-ar plăcea să ai, nu vei putea schimba lumea pe loc, dar trebuie să ai ambiția de a obține ceea ce e chiar *necesar*. Nu gândi la scară mică, dar fă o distincție între ceea ce este chiar necesar și ceea ce este opțional.

Gândește acțiunile ca pe un progres, nu ca pe ceva perfect.

Sub o asemenea presiune, obstacolele se sfărâmă. Nu se poate altfel. Din momentul în care le poți ocoli sau le poți face irelevante, nu mai au cum să te afecteze.

CONTINUĂ

Elogiu atacului pe flancuri

Dacă nu aștepți imprevizibilul, nu vei găsi niciodată adevărul.

HERACLIT

Imaginea de succes a lui George Washington în tradiția americană este aceea a unui general curajos și îndrăzneț, falnic în orice împrejurare, împotrivindu-se britanicilor tiranici și cotropitori. Desigur, imaginea reală este ceva mai puțin glorioasă. Washington nu aborda chiar o luptă de gherilă, dar strategia lui se afla pe undeva pe aproape. Era viclean, evaziv și adesea evita să lupte în confruntări directe.

Armata lui era mică, neantrenată, fără mari resurse în privința aprovizionării și destul de fragilă. A dus mai degrabă un război defensiv, în care a evitat cu bună știință trupele britanicilor, care erau ceva mai numeroase. Luptele lui erau, de fapt, împunsături de ace împotriva unui dușman mai puternic și mai numeros. Dă și fugi. Lovește și dă-te la o parte.

„Să nu ataci niciodată acolo unde este previzibil", le spunea adesea soldaților lui. „Acolo unde pericolul pare a fi cel mai mic, adversarul va fi mai slab pregătit, astfel încât ai putea avea cea mai bună șansă spre succes". Simțea foarte bine cum micile hărțuieli pot fi făcute să arate ca niște mari victorii.

Cea mai glorioasă „victorie" a lui nici măcar nu a fost o luptă directă împotriva britanicilor. Aproape la capătul puterilor, Washington a traversat Delaware în ziua de

Crăciun, atacând un grup de mercenari germani adormiți, care probabil că erau și beți.

Era mai degrabă priceput în retrageri decât în cuceriri – știa să salveze trupe care, altfel, ar fi pierit în luptă. Washington a fost încercuit foarte rar – avea de fiecare dată o cale de scăpare. Cu speranța că inamicul va fi slăbit la un moment dat, strategia lui evazivă reprezenta o armă redutabilă – chiar dacă nu și una eroică.

Nu mai surprinde pe nimeni, în acest caz, că biografia generalului Armatei Continentale, primul președinte al țării, a fost puțin vopsită și înfrumusețată. Nici nu e singurul general care a beneficiat de un asemenea tratament. Miturile istorice, promovate de filme și de povești care prind pe fondul ignoranței noastre, spun că războaiele sunt câștigate sau pierdute de două mari armate care se luptă direct. Este o idee nobilă, eroică – dar este una foarte eronată.

Istoricul și analistul B.H. Liddell Hart a justificat, într-un studiu asupra a 30 de conflicte care cuprindeau peste 280 de bătălii, din istoria antică până la cea modernă, următoarea concluzie: doar în 6 dintre cele 280 de campanii, victoria decisivă a venit ca urmare a unui atac direct asupra principalului corp de armată a inamicului.

Doar șase. Asta înseamnă 2%.

Dacă nu din lupte decisive, atunci de unde vine victoria?

Din orice altceva. Din flancuri. Din lucruri neașteptate. Din psihologie. Din părăsirea liniei frontului de către inamici. Din lucruri care nu sunt de așteptat. Din orice altceva *în afară de...*

Așa cum spunea Hart în *Strategy*, lucrarea lui de căpătâi:

> *Marele căpitan va folosi chiar și metodele cele mai hazardate - dacă este nevoie va trece peste munți, prin deșert și mlaștini, cu doar o parte a trupelor, lipsit fiind*

chiar și de căi de comunicare. Va înfrunta condiții oricât de puțin favorabile, mai degrabă decât să accepte riscul unui blocaj generat de o abordare directă a inamicului.

Când simți că nu mai ai soluții, fă un pas înapoi și apoi revino la problemă. Găsește o pârghie. Folosește-o acolo unde este cel mai puțin probabil.

Care este primul imbold pe care îl ai, atunci când te confrunți cu o provocare?

Vrei să depășești limitele concurenților?

Te contrazici cu oamenii în încercarea de a schimba opinii vechi de când lumea?

Încerci să dărâmi ușa cu capul?

Pentru că ușa din față, sau cea laterală, sau ferestrele, este posibil să fi fost lăsate deschise.

Orice ai de gând să faci, va deveni mai dificil (ca să nu spun imposibil) dacă planurile tale vor să sfideze fizica sau logica. Mai bine îți amintești cum Grant a reușit să treacă pe lângă Vicksburg – nu prin el – pentru a-l cuceri, în cele din urmă. Sau la antrenorul de excepție Phil Jackson și celebra lui ofensivă în triunghi, care era gândită mai degrabă ca să diminueze presiunea asupra defensivei, decât să reprezinte un atac direct.

Dacă o luăm de la zero, iar jucătorii desemnați au avut timp să își construiască apărarea, nu prea avem cum să îi învingem. E mai inteligent, prin urmare, nici să nu încercăm, ci să ne concentrăm resursele limitate în altă direcție.

O parte din motivul pentru care anumite realizări par să fie făcute aproape fără efort, de niște maeștri, constă nu doar în faptul că aceștia și-au perfecționat sistemul – ci și în acela că ei chiar depun mai puțin efort decât noi, care nu ne prea pricepem. Ei aleg să folosească doar acea cantitate de energie care este eficientă, fără să se lupte și să se căznească prin tactici lipsite de eficiență.

Așa cum spunea cineva, după ce a luptat împotriva lui Jigoro Kano, legendarul fondator al judoului, „A încerca să lupți împotriva lui Kano este ca și cum ai vrea să lupți împotriva unei jachete goale".

Așa poți fi și tu.

Să fii depășit numeric, să vii din urmă, să nu ai resurse suficiente – toate acestea nu trebuie să constituie dezavantaje. Pot fi daruri. Lucruri bune care ne ajută să nu ne sinucidem, decizând un atac frontal. Ele ne obligă să fim creativi, să găsim alternative, să ne învingem orgoliul pentru a face ceea ce este necesar pentru a ne doborî adversarii chiar în punctele lor forte. Acestea sunt semnele care ne îndrumă să abordăm lucrurile dintr-un alt unghi.

De fapt, avantajul de a fi mai puternic, mai mare, mai dotat, poate fi germenul unei slăbiciuni fatale. Inerția succesului te ajută mult mai puțin să dezvolți o tehnică bună. Oamenii sau companiile care au acest gen de superioritate nu trebuie să învețe procesul, atâta timp cât pot folosi forța brută. Asta e tot ceea ce funcționează pentru ei... până când nu mai funcționează. Până ce dau de tine și le aplici câteva manevre de eschivă, atunci când refuzi să te confrunți așa cum le-ar plăcea lor: față în față.

Suntem într-un joc în care buturuga mică răstoarnă carul mare. Forței nu îi poți răspunde cu forța.

Firește, atunci când suntem agresați, instinctul ne îndeamnă să ripostăm. Numai că artele marțiale ne învață să ignorăm acest impuls. Nu trebuie să răspundem la fel, trebuie să facem astfel încât să dezechilibrăm adversarul. Apoi ne punem planul în acțiune.

Strategia de a intra pe ușa lăturalnică are un spectru amplu, creativ de aplicabilitate. Și nu se limitează deloc la război, afaceri sau comerț.

Marele filozof Søren Kierkegaard nu a crezut nicicând că va putea convinge lumea de ideile lui abordând o poziție autoritară. În locul lecturii, a folosit o metodă pe care a numit-o „comunicare indirectă". Kierkegaard a scris sub pseudonim, astfel încât fiecare personalitate falsă pe care o aborda să reflecte o perspectivă diferită – scriind de mai multe ori, din unghiuri diferite, despre același subiect, pentru a ajunge la un moment culminant. Nu prea spunea cititorilor lui: „Fă asta" sau: „Gândește așa". Le *arăta* în schimb modalități noi de a privi și de a înțelege lumea.

Nu poți convinge pe nimeni dacă pui sub semnul întrebării cele mai vechi și mai limpezi opțiuni pe care le are. Găsește mai întâi un numitor comun și de acolo începi totul. Sau găsește un punct sensibil, ca să captezi atenția. Sau realizezi altceva, care are atât de mult sprijin din partea celorlalți, încât persoanele care se opun vor abandona de bunăvoie punctul lor de vedere și îl vor adopta pe cel nou.

Modul în care reușești nu este de fiecare dată unul spectaculos. Uneori poate părea că ai folosit o scurtătură sau că ai luptat incorect. E destul de complicat să încerci să îndrepți pe cineva pe drumul cel bun, mai ales că ceea ce funcționează pentru tine pare să fie un gen de înșelăciune din punctul lui de vedere. Dă-mi voie să te scap de vină și de autocompătimire. Nu este o înșelăciune.

Te comporți precum un strateg. Nu doar vrei să scapi de greutăți, sperând că va funcționa. Nu îți consumi energia în lupte generate de egoism și de mândrie, ci cauți un avantaj strategic.

Crezi sau nu, *aceasta* este metoda mai dificilă. De aceea funcționează.

Amintește-ți: uneori calea cea mai lungă este drumul cel mai scurt către casă.

Folosește obstacolele împotriva lor înseleCine are minte știe să tragă folos și de la dușmani.

PLUTARH

Nu Ghandi a luptat pentru independența Indiei. Imperiul Britanic a făcut totul pentru asta – și, cum se întâmplă adesea, a și pierdut totul.

Totul a fost deliberat, desigur. Campania largă de satyagraha a lui Gandhi și nesupunerea civilă au demonstrat că acțiunea are multe fațete. Drumul spre victorie nu înseamnă întotdeauna un pas înainte și nici chiar măcar unul în lateral. Poate fi pur și simplu o problemă de poziționare. O atitudine de a sta pe loc.

Uneori depășești obstacolele nu atacându-le, ci retrăgându-te și lăsându-le pe ele să te atace. Poți folosi acțiunea celorlalți pentru a le riposta, în loc de a acționa tu, direct.

Foarte slab dotat comparativ cu forțele pe care spera să le poată schimba, Gandhi s-a adâncit în această slăbiciune, accentuând-o, expunându-se pe sine. Se adresa celei mai puternice forțe de ocupație din lume astfel: *Merg spre ocean ca să adun sare în contradicție directă cu reglemetările voastre.* I-a provocat pe englezi – *Ce veți face în privința asta? Nu e nimic în neregulă cu ce facem* – știind că prin asta punea autoritățile coloniale într-o dilemă imposibilă, aceea de a pune în aplicare o politică falimentară sau de a renunța la ea. Prin acest lucru, întreaga forță militară era neutralizată. Folosirea ei devenea contraproductivă.

Martin Luther King Jr, folosind exemplu lui Gandhi, le spunea celor care îl urmau că vor întâmpina „forța fizică cu forța sufletului". Cu alte cuvinte, vor folosi forța adversarului. În fața ripostelor ei vor fi pașnici, urii îi vor răspunde cu iubire, iar prin acest proces vor sublinia că aceste lucruri violente sunt nejustificate și rele.

A face exact invers, chiar funcționează. Non-acțiunea poate fi o acțiune. Folosirea forței celorlalți ne permite să o utilizăm ca și cum ar fi a noastră. Îi lăsăm pe ei – sau obstacolul – să ne facă treaba.

Ar trebui să ne amintim de ruși, care i-au învins pe Napoleon și pe naziști nu prin apărarea rigidă a granițelor, ci prin retragerea în interiorul acestora și prin lăsarea capriciilor iernii să-și spună cuvântul asupra dușmanilor, implicați în lupte la o așa de mare distanță de țara de origine.

Este aceasta o acțiune? Pun pariu că este.

Poate că dușmanul sau obstacolul tău sunt cu adevărat de netrecut – așa cum erau pentru mulți din exemplele anterioare. Poate că, de data aceasta, nu ai avut priceperea să câștigi prin stăruință, sau nu ai vrut să îți asumi riscul de a învăța pe loc. În regulă. Ești totuși departe de momentul la care ar trebui să vrei să renunți.

Oricum, e timpul să accepți că unele adversități ți-ar putea fi imposibil de depășit – oricât ai încerca. Ar trebui să găsești însă o cale să te folosești de ele, de *energia* lor, în interesul tău.

Înainte de inventarea motorului cu abur, căpitanii de vapoare aveau o metodă ingenioasă de a face față curenților puternici de pe Mississippi. Un vas care urca râul tracta pe marginea apei un vas care era pus cu capul în jos, iar după aceea prindeau o frânghie de un copac sau de o stâncă.

Al doilea vas se desfăcea de primul și lăsa forța râului să îl poarte în aval, îndepărtându-se de cel din amonte.

Așa că, în loc să lupți cu obstacolul, încearcă *să îl faci să se învingă de unul singur.*

Este o poveste celebră despre Alexandru cel Mare, care a făcut exact asta – a fost cea mai bună utilizare a unui obstacol împotriva lui însuși. Povestea lui Alexandru le-a scos la iveală celor din jurul lui primele indicii despre ambițiile tânărului care avea să cucerească lumea. De când era copil l-a dresat pe Bucefal – un cal pe care nici măcar tată său, regele Filip al II-lea al Macedoniei, nu-l putea stăpâni – prin metoda epuizării. În vreme ce alții încercaseră doar metode de forță, cu bice și frânghii, din care animalul reușea să se elibereze mereu, Alexandru a avut succes obosindu-l, încetul cu încetul, până ce l-a putut încăleca. Alexandru îl va călări apoi timp de 20 de ani, în toate bătăliile.

Acum, cam care e treaba cu obstacolul tău?

Da, uneori trebuie să învățăm de la Amelia Earhart și pur și simplu să acționăm. Dar trebuie să fim și capabili să ne abținem, atunci când acesta este cel mai bun lucru de făcut. Uneori e bine să ai răbdare în viață – să aștepți ca obstacolul să se mai domolească. Lasă două nuci tari să decidă singure care e mai solidă, decât să te amesteci imediat în încăierare. Uneori o situație are nevoie de mai puțină intervenție din partea ta, nu de mai multă.

Când ne dorim unele lucruri prea mult, putem deveni propriii noștri adversari. În egoismul nostru risipim chiar și micile șanse pe care le-am avea și facem să devină imposibil de obținut ceea ce ne dorim. Ne afundăm roțile tot mai adânc în noroi – și nici că le mai putem scoate de acolo.

Devenim atât de absorbiți de ideea de a înainta, încât uităm că sunt și alte căi pentru a obține ce dorim. Nu pare prea natural să stăm pur și simplu locului – ba uneori chiar să dăm înapoi. Nu trebuie neapărat să faci ceva, ci doar să stai!

Presăm și presăm – obținerea unei măriri de salariu, preluarea unui client nou, preîntâmpinarea unor probleme. De fapt, cel mai bun mijloc de a ajunge unde vrem este să reexaminăm aceste dorințe de la bun început. Sau, poate, să ne dorim cu totul altceva și să folosim impedimentul ca pe o oportunitate de a descoperi o cale nouă de a ne atinge un scop. Făcând asta, am putea găsi chiar o altă colaborare care să ne rotunjească veniturile. Sau am putea afla că, prin ignorarea clienților, atragem mai mulți – pentru că ei și-ar dori mai degrabă să lucreze cu cineva care nu îi bate atât de mult la cap pentru colaborare. Sau, poate, să ne dăm seama că dezastrul de care ne temeam (împreună cu alții) a adus și un mijloc de a profita de situația nou creată.

Avem prejudecata că mersul înainte este singura cale spre progres, singura spre victorie. Uneori, a sta liniștit, a merge lăturalnic sau a o lua înapoi sunt mijloacele cele mai bune pentru a elimina ceea ce te blochează sau îți stă în cale.

Este nevoie de o doză de umilință prin această abordare. Adică trebuie să accepți că lucrurile nu pot merge așa cum le-ai gândit tu inițial. Pur și simplu nu ai reușit să le faci ca la carte. Și ce dacă?

Ceea ce contează cu adevărat este dacă o soluție anume te duce unde vrei. Și, ca să fie limpede ce vrem să spunem, a folosi un obstacol împotriva lui este foarte diferit de a nu face nimic. Rezistența pasivă este, de fapt, incredibil de activă. Iar aceste acțiuni vin sub formă de disciplină, de autocontrol, de lipsă de teamă, de hotărâre și de strategie înțeleaptă.

Marele strateg Saul Alinsky era de părere că, dacă „forțezi suficient de tare în sens invers o situație, acea situație se va transforma în opusul ei“. Pentru orice pol pozitiv există și un pol negativ. Orice e negativ are și un aspect pozitiv. *Acțiunea* înseamnă să aplici o presiune – pe tot parcursul drumului până în partea cealaltă. Să transformi un negativ în pozitiv.

Asta poate fi o mare alinare sufletească. Ar însemna că foarte puține obstacole sunt cu adevărat mari pentru noi. Însăși dimensiunea lor poate fi un dezavantaj pentru ele. Pentru că o putem folosi contra lor. Să ne amintim, un castel poate reprezenta o fortăreață impenetrabilă, amenințătoare, dar atunci când este încercuit se poate transforma în închisoare. Deosebirea este pur și simplu o schimbare a planurilor.

Putem folosi lucrurile care ne sunt potrivnice în beneficiul nostru, lăsând ca dificultatea lor să lucreze pentru noi. Asta înseamnă ca uneori să lăsăm obstacolul așa cum este, în loc să ne chinuim din greu să îl schimbăm.

Cu cât Bucefal alerga mai repede, cu atât obosea mai tare. Cu cât răspunsul poliției era mai ilegal, cu atât cauza împotriva căreia acționa aceasta devenea mai apreciată. Cu cât luptă mai mult, cu atât sunt mai simplu de învins. Cu cât te lupți mai mult, cu atât vei obține mai puțin (în afară de multă extenuare).

Cam așa stau lucrurile.

Canalizează-ți energia

Dacă vreun obiect exterior te deranjează, atunci nu el, ci judecata ta asupra lui te tulbură. Nu depinde decât de tine să ștergi această judecată din sufletul tău.
Cât de ușor este să alungi de la tine și să înăbușești orice idee supărătoare sau necuvenită, și să revii degrabă la liniștea deplină a sufletului.

MARCUS AURELIUS

Ca jucător de tenis, Arthur Ashe a fost o frumoasă contradicție. Pentru a trece cu bine de segregarea rasială din ani 1950–1960, a fost învățat de tatăl său să-și ascundă emoțiile și trăirile pe terenul de tenis. Să nu reacționeze, să nu se înfurie atunci când ratează loviturile, să nu conteste deciziile. Desigur, ca jucător de culoare, nu prea putea nici face paradă de victorii, nu se prea bucura, nu putea nici să pară că se chinuie prea tare să câștige.

Numai că stilul lui de joc și felul în care arăta erau cu totul diferite de cele de mai sus. Toată energia și emoțiile pe care trebuia să le suprime erau, de fapt, transformate în energie pentru joc. Deși își controla chipul până la cele mai mici detalii, trupul era foarte viu – fluid, briliant, se afla pe tot terenul. Stilul care îl caracteriza pe Ashe a fost descris într-un epitet: „Dezlănțuit fizic, dar ermetic din punct de vedere psihic".

În cazul lui Arthur Ashe, această combinație a creat un jucător de tenis aproape imbatabil. Ca persoană își putea controla emoțiile, dar ca jucător era îndrăzneț, tenace, calculat. Zbura după mingii și reușea să salveze genul de lovituri pentru care alții ar fi gâfâit în zadar. Putea face asta pentru că era liber. Era liber acolo unde conta: în interior.

Alți jucători, care puteau sărbători victoria, care puteau să arunce injurii către adversari sau priviri strâmbe către arbitru, nu puteau, totuși, să facă față presiunii în jocurile cu miză la fel de bine ca Ashe. Ashe era acuzat adesea că ar fi inuman, ca un vas sub presiune. Sentimentele au nevoie de o modalitate de exprimare, desigur, numai că Ashe le transforma în carburant pentru viteza lui explozivă de reacție, la lovituri și plonjoane. Transforma toată energia economisită din tăcerea prudentă în dezinvoltura cu care juca.

Dușmănia te poate întări. Ori te slăbește, ori te face mai bun – în funcție de ce alegi tu.

Dă-i alt nume și folosește-te de ea, asta este ceea ce a făcut Ashe – dar ca el și alți sportivi de culoare. Boxerul Joe Louis, de exemplu, știa că fanii pugiliștilor albi nu vor tolera un sportiv negru care să se exprime liber, așa că a renunțat la orice grimase și a afișat o mască inexpresivă, rece. Cunoscut drept Robotul din ring, reușea să își sperie adversarii doar părând inuman. A transformat un dezavantaj într-o calitate neașteptată pe ringul de box.

Fiecare dintre noi are propriile constrângeri cu care luptă – reguli sau norme sociale de care ni se cere să ținem cont, deși nu ne convine acest lucru. Ținute obligatorii, reguli de protocol, proceduri, obligații legale, ierarhii la locul de muncă – toate acestea ne indică modul în care trebuie să ne comportăm. Dacă ne gândim prea mult la ele, acestea vor deveni opresive, chiar sufocante. Dacă nu le băgăm în seamă, riscăm să fim scoși în afara jocului.

În loc să cădem pradă frustrării, le putem da o întrebuințare. Ne putem folosi de ele pentru a deveni mai puternici și mai buni. În timp ce unii vor fi excesiv de preocupați de existența regulilor, noi le vom exploata și le vom folosi în interes personal. Să ne gândim la apă. Atunci când întâlnește un obstacol făcut de om, ea nu se liniștește pur și simplu. Toată energia pe care o acumulează se transformă în curent electric prin intermediul unei hidrocentrale, cu care se pot alimenta orașe întregi.

Toussaint Louverture, un fost sclav din Haiti, ulterior devenit general, i-a exasperat pe inamicii lui francezi care au spus, la un moment dat: „*Cet homme fait donc l'ouverture partout*" (Omul acesta face câte o breșă peste tot). Era atât de flexibil, atât de puternic, încât și-a căpătat porecla de Louverture, care înseamnă breșa/deschiderea. Este normal. Totul în viața lui fusese un obstacol, așa că transformase cât mai multe din experiențele avute în breșe. De ce ar trebui ca armatele, politicienii, munții sau chiar Napoleon să fie altfel?

Și totuși, noi simțim mereu că ne fuge pământul de sub picioare atunci când, să zicem, proiectorul nu funcționează, prin urmare nu putem arăta un document powerpoint într-o prezentare (deși l-am putea lăsa deoparte, pentru a face o prezentare liberă, fără notițe). Stăm la bârfe cu colegii (în loc să facem ceva cu folos). Ne prefacem, în loc să *facem*.

Să ne gândim la un sportiv și la eforturile pe care acesta le depune constant pe teren. Fără a avea deficienţe mari, atunci când fiecare pasă sau șut își atinge ţinta, oboseala pare că dispare. Acești sportivi pot fi opriţi dintr-o acţiune anume, dar nu de la scopul lor final. Factorii externi le influenţează calea, dar nu și direcţia, care rămâne tot înainte.

Noi căutăm acțiunea decisivă, care finalizează ceva, nu o perioadă în care să acționăm. Nu e nevoie de niciun talent special pentru a fi slab atât fizic cât și mental. Este doar simplă nepăsare. Să fii permanent încordat? Asta înseamnă anxietate. Nici așa ceva nu poate merge. Într-un final o să cedăm. Dar vioiciunea fizică, în combinație cu motivația psihică? Acestea chiar înseamnă putere.

Este un atu care îi va scoate din minți pe adversarii și pe competitorii noștri. Vor crede că ne jucăm cu ei. Este exasperant – ca și cum nici nu am depune efort, ca și cum ne-am fi deconectat de la lume. Ca și cum am fi imuni la factorii de stres sau la limitările care ne stau în cale.

Pentru că suntem.

Preia ofensiva

Cei mai buni oameni nu sunt cei care au aşteptat să aibă o şansă, ci cei care şi le-au luat singuri - le-au asediat, le-au cucerit, şi le-au aservit.

E.H . CHAPIN

În primăvara lui 2008, șansa candidaturii lui Barack Obama la prezidenţiale era periclitată. Un scandal rasial care îl implica pe preotul lui, pastorul Jeremiah Wright, ameninţa să destrame campania – să spulbere linia subţire stabilită între votanţii albi și cei de culoare în momentul critic al alegerilor preliminare.

Rasă, religie, demografie, controverse – toate combinate într-o singură problemă. Era genul de dezastru politic din care nu se supravieţuiește, care lasă candidaţii atât de paralizaţi de teamă, încât nu au nicio reacţie. Răspunsul lor tipic este de a se ascunde, de a ignora, de a acoperi totul sau de a se distanța.

Orice ar crede cineva despre politica lui Obama, nimeni nu poate ignora ce s-a întâmplat atunci. A transformat unul dintre cele mai grele momente ale campaniei într-o ofensivă surprinzătoare.

Împotriva oricărui sfat primit sau a oricărei reguli nescrise, a decis să facă ceva, iar această situaţie negativă era un moment bun de a învăţa lucruri noi. Obama și-a canalizat atenţia și energia din jurul acestei controverse pentru a capta audienţa naţională și pentru a vorbi direct poporului american despre problema diviziunii rasiale.

Discursul lui, cunoscut azi ca sub numele de „A More Perfect Union“ (O uniune mai perfectă) a fost unul de excepţie. În loc să se distanţeze de subiect, Obama s-a adresat direct, fără a-l ocoli. Făcând astfel, nu doar că a anulat orice posibilă controversă, dar a și creat ocazia de a cuceri teren electoral. Preluând energia situaţiei negative, campania electorală a primit instantaneu o forţă proaspătă care l-a propulsat direct la Casa Albă.

Dacă ți se pare că este suficient doar să profiţi de șansele care îţi apar în viaţă, vei rămâne rapid fără succese. Orice om poate aștepta să i se ofere o șansă. Ceea ce trebuie să înveţi este cum să forţezi mersul înainte atunci când toţi cei din jur văd doar dezastru.

Mai ales în momentele dificile, când oamenii se așteaptă cel mai puţin, putem să facem lucruri surprinzătoare, pentru a obţine o mare victorie. Cât timp cei din jurul nostru sunt pradă descurajării, noi nu suntem. Vedem lucrurile diferit, așa că acţionăm în funcţie de asta.

Să dăm la o parte politica și să ne concentrăm asupra sfatului primit de la consultantul lui Obama, Rahm Emanuel. „Nu vrei niciodată ca o mare criză să se ducă pe apa sâmbetei, degeaba. Lucrurile pe care le-am amânat prea mult, care au durat mult, sunt urgente acum și trebuie să te confrunţi cu ele. O criză oferă șansa de a face lucrurile pe care, înainte de ea, credeam că nu le putem face.“

Dacă ne uităm la cursul istoriei, vedem că unii dintre marii lideri au folosit evenimentele șocante sau negative pentru a trece țările lor prin reforme absolut necesare, pe care altfel nu ar fi avut nicio șansă să le înfăptuiască. Putem folosi asta și în viaţa noastră de zi cu zi.

Ai intenţionat mereu să faci ceva. Să scrii un scenariu. Să călătorești. Să începi o afacere. Să găsești un mentor. Să faci o mutare anume.

Bun, s-a întâmplat acum ceva – un eveniment neașteptat precum un eșec, un accident sau o tragedie. *Folosește-l.*

E posibil să te găsești la pat, în recuperare. Asta înseamnă că ai timp pentru a scrie. Poate că emoțiile tale dureroase, suprasaturate, se pot transforma în ceva concret. Ai pierdut locul de muncă sau partenerul de viață? Este deranjant, dar asta înseamnă și că acum poți să călătorești nestingherit. Ai o problemă? Acum ai aflat exact ce anume să aștepți de la sfătuitorul tău. Folosește această situație pentru a demara un plan pe care îl aveai de mult în minte, ascuns. Orice reacție chimică are nevoie de un catalizator. În cazul tău, poate fi chiar această situație concretă.

Persoanele obișnuite se rușinează de situațiile negative, așa cum fac și în cazul eșecurilor. Fac orice pentru a evita necazurile. Persoanele mărețe fac exact invers. Se simt cel mai bine în situații delicate. Reușesc să transforme o dramă personală sau un ghinion – orice, totul – în avantaj personal.

Să ne referim la criza care stă chiar acum în fața ta. O irosești dacă doar îți plângi de milă, dacă doar te crezi obosit sau dezamăgit. Uiți că viața îi ajută pe cei îndrăzneți și îi favorizează pe cei curajoși.

Stăm și ne plângem că nu ni se oferă șanse sau ocazii bune. Dar ni se oferă.

La un moment dat al existenței noastre suntem puși în fața unor alegeri. Adesea acestea pot fi frustrante, lipsite de noroc, incorecte. Par să apară atunci când avem mai puțin nevoie de ele. Întrebarea este: acceptăm acest lucru ca fiind în totalitate negativ sau trecem peste negativism și încercăm să construim o ofensivă? Sau, mai exact, putem fi de acord că această problemă conține și o oportunitate pentru a soluționa o situație mai veche?

Dacă nu *accepți* asta, este problema ta.

Napoleon vedea războiul în cuvinte simple; două armate sunt două trupuri care se ciocnesc și așteaptă să se înspăimânte unul pe altul. La impact, există un moment de panică, iar acesta moment este cel pe care un comandant priceput îl folosește în avantajul lui.

Rommel, de exemplu, era renumit pentru *Fronterführing*, un fel de al șaselea simț pe care îl avea în momentele decisive ale luptelor. Avea o abilitate specială de a simți – chiar în vâltoarea momentului – modalitatea cea mai adecvată pentru a lansa un atac. Este ceea ce i-a permis, de mai multe ori, iar adesea chiar aproape incredibil, să smulgă o victorie din ceea ce părea a fi o înfrângere sigură.

Acolo unde unii vedeau un dezastru, sau, în cel mai bun caz, zgomotul de fundal și praful de pe tobă al unei bătălii, Rommel simțea șanse. „Mi-a fost oferit", spunea el, „să simt punctul slab al dușmanului". Cu aceste gânduri în minte punea în atacurile lui până la ultima picătură de energie. Avea controlul mișcărilor de trupe și nu renunța niciodată.

Marii comandanți caută punctele decisive. Pentru a obține asta direcționează întreaga capacitate de luptă spre momentele-cheie. Presează, presează și presează iar, apoi, exact atunci când situația pare disperată – sau, mai probabil, definitiv pierdută – mai presează o dată.

În multe bătălii, ca și în viață, cele două forțe care se opun vor ajunge la un punct de epuizare reciprocă. Cei care se vor trezi a doua zi de dimineață gata de atac, în loc să se retragă – cei care vor spune *Vreau să atacăm și să îi învingem acum și aici* – vor putea aduce acasă o victorie... inteligentă.

Asta este ceea ce a făcut și Obama. Nu s-a eschivat, nu s-a plâns de oboseală, chiar dacă venea după o lungă competiție purtată umăr-la-umăr. S-a redresat în ultima clipă. A depășit provocarea și a schimbat-o într-o victorie. A transformat un incident urât într-un „moment emoționant", unul dintre cele mai profunde discursuri despre rasism din istorie.

Obstacolul nu este doar rostogolit, ci folosit drept catapultă.

Fii pregătit să nu funcționeze nimic

Strânge din dinți și urmează această regulă:
Nu cădea pradă necazurilor, nu crede în prosperitate și ia aminte
La obiceiul destinului de a face doar ce vrea el.

SENECA

Percepțiile pot fi controlate. Acțiunile pot fi orientate.

Oricând putem gândi limpede, putem răspunde cu creativitate. Caută oportunitatea, ia inițiativa.

Ceea ce nu putem face este să controlăm lumea din jurul nostru – nu atât de mult cât am vrea, în orice caz. Putem percepe corect lucrurile, putem acționa în conformitate cu ele și totuși să ajungem la un eșec.

Trebuie să avem în minte ceva de genul acesta. Nimic nu ne poate împiedica vreodată să încercăm. Niciodată.

Cu toată devoțiunea și creativitatea, după ce am încercat, *unele* obstacole se pot dovedi imposibil de depășit. Unele acțiuni par imposibile, unele – căi de netrecut. Unele lucruri sunt mai mari decât noi.

Asta nu este neapărat un lucru rău.

Pentru că putem răsturna un obstacol cu capul în jos, pur și simplu folosindu-l ca pe o șansă de a ne arăta unele abilități sau calități – chiar dacă doar vom învăța să acceptăm că lucrurile rele se întâmplă sau că trebuie să dovedim modestie.

Este o formulă oricât de elastică vrem noi să fie. În orice situație care ne-ar bloca drumul ni se deschide o nouă cale spre o parte din noi. Dacă te rănește cineva la care ții, ai ocazia să dai dovadă de iertare. Dacă afacerile tale scad, poți să începi să accepți asta. Daca nu mai poți face nimic pentru tine, atunci poți încerca să faci ceva pentru alții.

Problemele, așa cum spunea Duke Ellington, scot ce e mai bun din noi.

Ce e mai bun din noi, atâta tot. Nu imposibilul.

Trebuie să fim dispuși să aruncăm zarurile și să pierdem. Să fim pregătiți să constatăm, la finalul zilei, că nimic nu a mers.

Oricine se află în urmărirea unui țel se confruntă cu acest lucru din când în când. Uneori, fără nicio pregătire, fără niciun plan – nu contează cât de mult încercăm sau insistăm – vom constata că unele lucruri pur și simplu nu vor funcționa.

Lumea nu are nevoie de martiri.

Ne este caracteristic să încercăm să facem lucrurile bine, folosind toate resursele pe care le avem. Oricare ar fi rezultatul final, să fim gata să-l acceptăm pe loc și să facem pasul următor.

Ești o asemenea persoană? Pentru că ai putea fi.

III

voința

Ce este voința?
Voința este puterea noastră interioară, care nu poate fi afectată nicicând de ceea ce se întâmplă în jurul nostru. Este asul din mânecă. Dacă acțiunea este ceea ce facem atunci când mai avem control asupra situației, voința este ceva de care depindem atunci când totul a dispărut. Puși într-o situație care pare de neschimbat și iremediabil negativă, putem modifica totul într-o oportunitate de a învăța, într-o experiență a modestiei sau o ocazie de a oferi susținere altora. Aceasta este puterea voinței. Acest lucru trebuie cultivat. Trebuie să fim pregătiți pentru dușmănii și furtuni, trebuie să învățăm arta consensului și a practicării bunei-dispoziții chiar și în momentele dificile. Prea des considerăm că voința înseamnă cât de mult ne dorim un anume lucru. De fapt, voința are mai multă legătură cu capitularea decât cu puterea. Înlocuiește „Voința lui Dumnezeu“ cu „voința de a învinge“. Voința adevărată este modestie tăcută, răbdare, flexibilitate. Celălalt tip de voință este deghizat în slăbiciunea generată de ambiție și lăudăroșenie. Vezi care rezistă mai mult în fața obstacolelor cele mai grele.

voința

Disciplinarea voinței

Datorită faptului că a devenit mai mult un mit decât un personaj real, mulți dintre noi neglijăm faptul că Abraham Lincoln a luptat cu o depresie invalidantă întreaga viață. Cunoscută la acel moment sub numele de melancolie, depresia lui era adesea profundă și deranjantă, conducându-l în pragul sinuciderii în două rânduri.

Înclinația pe care o avea spre glume și poante deocheate ne aduce aminte de el cu plăcere, dar ne descrie exact opusul a ceea ce părea să îi fi oferit viața în clipele cele mai negre din existență. Chiar dacă putea fi luminos și voios, Lincoln suferea lungi perioade de căderi pe gânduri, izolare și durere. În interiorul lui părea a avea de dus o povară de care îi era adesea imposibil să se elibereze.

Viața lui Lincoln a fost marcată de îndurarea și traversarea unor mari dificultăți. A crescut în sărăcie, la țară, și-a pierdut mama încă din copilărie, a fost autodidact, a învățat singur dreptul, și-a pierdut iubita în tinerețe, a practicat avocatura într-un mic oraș de provincie, a suferit multe înfrângeri politice în alegeri, în timp ce încerca să își construiască o carieră. Mai apăreau și aceste crize de depresie care, la acel moment, nu erau pe deplin înțelese din punct de vedere medical. Toate acestea constituiau impedimente pe care Lincoln le-a depășit cu un fel de rigurozitate, de ambiție binevoitoare, cu zâmbet, cu o rezistență tandră.

Dificultățile personale ale lui Lincoln au fost atât de ample, încât ajunsese să creadă că îi erau destinate cumva, iar depresia, mai ales, a fost o experiență unică prin care s-a pregătit pentru lucrurile mai importante, care urmau să apară. A învățat să le îndure pe toate, să le categorisească, să le găsească beneficii și sensuri. Înțelegând că asta era cheia prin care să înțeleagă adevărata măreție a omului.

De-a lungul carierei politice a lui Lincoln, sclavia a fost un nor negru deasupra întregii națiuni, unul care anunța o furtună violentă. Unii au fugit din calea acestui nor, alții s-au resemnat sau au devenit susținătorii lui, mulți au considerat că putea aduce o ruptură definitivă a Uniunii – sau, chiar mai rău, sfârșitul lumii așa cum o știau ei.

S-a dovedit în cele din urmă că fiecare calitate dobândită de Lincoln de-a lungul vieții a fost necesară pentru a putea conduce națiunea așa cum trebuia, la acel moment. Spre deosebire de alți oameni politici, el nu se simțea tentat să intre în conflicte mărunte sau discuții sterile, nu putea fi optimist, nu putea face loc în inima lui urii, așa cum făceau alții. Propria lui suferință l-a făcut să fie mai empatic cu ceilalți. Era răbdător, pentru că știa că rezolvarea lucrurilor complicate necesită timp. Dincolo de toate, și-a făcut un scop și o consolare dintr-o cauză mai mare decât propria persoană și decât luptele lui interioare.

Națiunea avea nevoie de un lider plin de mărinimie și putere în urmărirea unui țel – și a găsit persoana potrivită în Lincoln, un începător în ale politicii, care era însă expert în problemele de voință și de răbdare. Aceste calități proveneau din propria lui „experiență severă“, așa cum o numea el, iar calitățile erau reunite acum în abilitatea unică de a conduce țara în una dintre încercările cele mai dureroase: Războiul Civil.

Oricât de priceput, ambițios și inteligent era, principala forță a lui Lincoln rămânea voința: modul prin care putea să se dedice unei sarcini împovărătoare fără a cădea pradă lipsei de încredere, modul prin care putea avea deopotrivă umor și o seriozitate mortală, modul prin care putea folosi propriul destin tumultos pentru a fi de ajutor altora, modul prin care se putea ridica dincolo de vacarm și în care interpreta politica din punct de vedere *filozofic*. „Și asta va trece" era expresia favorită a lui Lincoln, despre care spunea că se poate aplica în oricare dintre situațiile pe care le va avea de înfruntat.

Pentru a putea trăi cu depresia care îl afecta, Lincoln își clădise o puternică fortăreață interioară. Aceasta i-a fost de mare folos în 1861, pentru a putea lupta în războiul care urma să înceapă. Patru ani mai târziu, războiul va deveni de neînțeles de violent, iar Lincoln, care încerca inițial să îl prevină, va lupta pentru o victorie justă, iar în final va încerca să-i pună capăt „fără malițiozitate în raport cu cineva". Amiralul David Porter, care a fost alături de Lincoln în ultimele zile ale acestuia, spunea despre el că părea „să fie preocupat doar de lucrurile neplăcute pe care le are de îndeplinit" și dorea „să le realizeze cât mai bine cu putință".

Ne putem socoti norocoși că nu avem de trecut prin asemenea încercări, așa cum a trebuit să facă Lincoln, să rezistăm și să ne putem depăși propria neputință. Dar cu siguranță că trebuie, și putem face asta, să învățăm ceva din echilibrul și curajul lui.

Limpezimea în gândire și acțiunea nu sunt întotdeauna suficiente în viața politică sau în viața de zi cu zi. Unele obstacole sunt la un pas distanță sau necesită o soluție inedită. Nu este întotdeauna la îndemâna unui om să scape lumea de un mare pericol sau să oprească o țară să fie aruncată într-un conflict. Desigur, încercăm să găsim soluțiile cele mai bune. Dar trebuie să fim pregătiți și pentru situația în care să nu le obținem. Iar în acest caz trebuie să fim gata să identificăm un ideal mai mare, pe care să îl rezolvăm cu fermitate și toleranță.

Așa era Lincoln: întotdeauna pregătit cu o idee nouă de abordare (fie că era vorba de trimiterea unui vas de aprovizionare în locul unuia de întăriri pentru trupele asediate la Fort Sumter, sau de momentul Proclamației de Emancipare, rostită în același timp cu victoria Uniunii, la Antietam, pentru a-i da un fond aparent de putere), dar pregătit oricând și pentru ce era mai rău. Iar apoi gata să scoată ce este mai bun, din ce este mai rău.

A fi lider necesită hotărâre și energie. Lincoln a fost capabil să conducă datorită lucrurilor prin care a fost nevoit să treacă în timp, a celora cu care a trebuit să se lupte și din care a învățat cum să facă față situațiilor complicate. A putut păstra unită o țară, o cauză nobilă.

Aceasta este calea spre disciplina finală: Voința. Dacă Percepția și Acțiunea sunt discipline ale minții și trupului, atunci Voința este disciplina inimii și a sufletului. Voința este acel lucru pe care noi îl controlăm în întregime, întotdeauna. Întrucât eu pot încerca să diminuez percepțiile negative și să pun 100% din energia mea în acțiuni, încercările pe care le am de trecut pot fi dejucate sau diminuate. Voința mea este specială, pentru că se află în mine.

Voința este curaj și înțelepciune – nu doar în legătură cu un anumit obstacol, ci în legătură cu viața însăși, pentru că reprezintă locul în care avem de-a face cu obstacolele. Ne conferă puterea supremă. Aceea de a rezista, de a contextualiza, de a trage învățăminte din obstacolele pe care nu le putem pur și simplu depăși.

Chiar și la vremea aceea, contemporanii lui Lincoln se minunau de calmul lui, de seriozitatea și de compasiunea pe care le avea pentru oameni. Azi, aceste calități ni se par aproape dumnezeiești – aproape superumane. Simțul lui pentru a ști ce este de făcut în fiecare situație în parte l-a făcut special. Reușea să se situeze dincolo de intrigile care ar fi pus la pământ pe oricine altcineva. Părea să fie de pe altă planetă.

Într-un fel, chiar era. Sau, cel puțin, a venit de undeva de foarte departe, de undeva din adâncurile propriei ființe, de unde alții nu au reușit să răzbată. Școlit în suferință, ca să îl cităm pe Vergiliu, Lincoln a învățat „să îi aline și pe cei care au de suferit". Aceasta este și ea o parte a voinței – de a te gândi la ceilalți, de face ce e mai bine într-o situație grea, pe care am încercat să o împiedicăm, dar nu am reușit, să faci față provocărilor soartei cu veselie și compasiune.

Vorbele lui Lincoln ajungeau la inimile oamenilor pentru că veneau din inimă, pentru că aveau acces la acea parte a experienței umane de care majoritatea vrem să ne izolăm. Durerea lui personală reprezenta un avantaj.

Lincoln era puternic și hotărât ca lider. Dar se ghida și conform unei maxime a stoicilor: *Sustine et abstine.* Îndură și așteaptă. Vezi durerea, dar mergi mai departe, pe drumul tău. Chiar dacă războiul ar fi durat mai mult, Lincoln și-ar fi condus poporul până la capăt. Chiar dacă Uniunea ar fi pierdut Războiul Civil, știa că a făcut tot ce i-a stat în putere pentru a obține victoria. Mai important, dacă Lincoln ar fi fost înfrânt, era pregătit pentru a suporta orice consecințe cu demnitate, putere și curaj. Fiind un exemplu pentru alții, la victorie sau la înfrângere – oricare dintre acestea fi avut loc.

Toată tehnologia modernă ne creează iluzia că putem controla ceea ce se întâmplă în jurul nostru. Suntem convinși că, în sfârșit, putem controla incontrolabilul.

Cu siguranță că așa ceva nu este adevărat. Este foarte puțin probabil că vom scăpa vreodată de toate părțile neplăcute sau greu de prevăzut din viața noastră. E nevoie să privim doar asupra istoriei și să observăm cât de întâmplătoare, de greșită și de teribilă poate fi lumea. Ceea ce este de neînțeles se întâmplă întotdeauna.

Unele lucruri din viață ne vor tăia precum un cuțit ascuțit. Când se întâmplă asta – la acel moment – lumea își face o idee de ceea ce zace în tine. Prin urmare, ce îi vei arăta atunci când tensiunea și presiunea te vor înjunghia? Oțel? Sau aer? Sau că ești de *mămăligă*?

Așadar, voința este cea de-a treia disciplină fundamentală. Putem gândi, acționa, iar în final ne putem ajusta în conformitate cu o lume care este, cu de la sine putere, impredictibilă. Voința este cea care ne pregătește pentru înfruntarea ei, ne protejează împotriva ei și ne permite să prosperăm și să fim fericiți în ciuda ei. Este de asemenea cea mai dificilă dintre toate disciplinele. Este cea care ne permite să rămânem neinfluențați în timp ce alții sunt deprimați și cad pradă deznădejdii. Fii încrezător, calm, gata de muncă în orice condiții. Să vrei și să fii capabil de a continua, chiar și atunci când se produce ceea ce era de negândit, chiar și când toate coșmarurile cele mai mari devin realitate.

Este mult mai ușor să ne controlăm percepțiile și emoțiile, decât să cedăm dorinței noastre de a controla alte persoane sau evenimente. Este mai simplu să continuăm eforturile și acțiunile noastre, decât să îndurăm situații inconfortabile sau dureroase. Este mai ușor să gândim și să facem ceva, decât să ne dăm deștepți cu orice preț.

Aceste lecții se învață mai greu, dar, la final, cel mai important este să putem culege avantajele din problema depășită.

În orice situație am fi, întotdeauna putem:

- să ne pregătim pentru perioade dificile
- să acceptăm ceea ce nu ne stă în putere să schimbăm
- să ne controlăm așteptările
- să perseverăm
- să învățăm să ne iubim soarta și ceea ce ni se întâmplă
- să ne protejăm cercul interior, să ne retragem în noi
- să ne dedicăm unei cauze mai mari, mai mărețe
- să ne reamintim că suntem muritori.

Și, desigur, să fim gata să o luăm de la capăt încă o dată.

FII ÎNCREZĂTOR,
CALM, gata
de muncă
în ORICE
CONDIȚII

Construiește-ți propria fortăreață interioară

Dacă slăbești în ziua necazului, mică îți este puterea.

PROVERBE 24:10

Până la 12 ani, Theodore Roosevelt își petrecuse aproape fiecare zi de viață luptându-se cu un astm oribil. Viața lui a atârnat tot timpul de un fir de ață – atacurile de astm erau în fiecare noapte aproape mortale. Era înalt, fragil, silfid, iar primul efort mai mare putea să îi distrugă tot echilibrul acesta fragil și să îl țintuiască la pat timp de săptămâni.

Într-o bună zi, tatăl său a intrat în cameră și i-a transmis un mesaj care îi va schimba viața băiatului: „Theodore, te duce capul, dar nu te ajută corpul. Îți voi pune la dispoziție lucrurile de care ai nevoie pentru a remedia acest lucru. Va fi o corvoadă, dar cred că ai destulă ambiție ca să treci peste asta".

Ați putea crede că aceste vorbe l-au îngrozit pe copilul născut într-o familie bună, mai ales că era atât de fragil. Dar, dacă dăm crezare surorii lui mai mici, care a fost martoră la această discuție, lucrurile nu au stat deloc așa. Răspunsul băiatului, și acesta va rămâne ca un fel de marcă personală, a fost să își privească tatăl și să spună, plin de hotărâre: „Îmi voi lucra corpul".

La sala de sport pe care tatăl său a construit-o pe veranda de la etajul al doilea, tânărul Roosevelt a început să lucreze zilnic, timp de cinci ani, întărind încetul cu încetul sistemul muscular și dezvoltându-și partea de sus a trupului, toracele care adăpostea plămânii cei cu probleme. Pe la 20 de ani, lupta împotriva astmului era deja cam încheiată, pentru că tânărul scosese, literalmente, această slăbiciune din corpul său.

Acea sală de gimnastică a reușit să clădească așa cum se cuvinte adolescentul inteligent, dar cu fizic firav, și l-a pregătit pentru provocarea pe care națiunea americană avea să i-o ofere. Era începutul pregătirii lui pentru împlinirea a ceea ce va numi „o viață intensă".

În cazul lui Roosevelt, viața i-a oferit multe provocări. Și-a pierdut soția și mama într-un interval scurt, a avut de-a face cu inamici politici care, în pofida faptului că el avea o agendă politică progresistă, au câștigat alegerile, țara a fost prinsă în războaie în străinătate, iar el a trebuit să treacă printr-o tentativă de asasinat. Numai că era bine pregătit pentru toate acestea, datorită antrenamentului timpuriu.

Ești la fel de pregătit? Te poți descurca în asemenea condiții, dacă situația degenerează rapid?

Noi considerăm că slăbiciunea este ceva firesc. Credem că situația în care ne naștem este cea care va dăinui pentru totdeauna, că dezavantajele noastre sunt permanente. Iar apoi, din cauza lor, devenim tot mai slabi.

Asta nu este neapărat cea mai bună rețetă de viață.

Nu oricine acceptă să aibă un start mai dificil în viață. Aceste persoane fac totul pentru a-și remedia problemele trupului și viața prin exerciții și activități. Se pregătesc pentru ce este mai rău. Speră ei oare că nu vor da de alte greutăți? Sigur că nu. Dar sunt gata să înfrunte orice le rezervă destinul.

Tu ești gata?

Nimeni nu se naște cu oasele oțelite. Trebuie să uităm o asemenea posibilitate.

Ne construim puterea spirituală prin exercițiu fizic, iar rezistența psihică prin exercițiu mental (*mens sana in corpore sano* – minte sănătoasă în corp sănătos).

Abordarea aceasta ne trimite la filozofii antici. Fiecare părticică din filozofia lor trebuia să îi pregătească, să îi reclădească și să îi fortifice pentru provocările care urmau să vină. Mulți se vedeau ca fiind niște atleți mentali – până la urmă creierul este un mușchi ca orice alt țesut activ. Poate fi dezvoltat și întărit prin exercițiile corecte. În timp, memoria lor musculoasă a crescut într-atât de mult, încât puteau răspunde intuitiv oricărei situații. Mai ales obstacolelor.

Se spune despre evrei, privați de un teritoriu stabil atât de mult timp, cu templele distruse și comunitățile în diaspora, că au fost nevoiți să se refacă nu atât fizic, cât mental. Templul le-a devenit unul metafizic, stabilit independent în mintea fiecărui credincios. Fiecare dintre ei – fie că ne referim la cei împrăştiaţi prin lume, fie la cei care au avut de îndurat persecuţii – putea să aibă astfel acest templu la îndemână, pentru a se simţi mai puternic și mai în siguranţă.

Să ne gândim la un citat de Haggadah: „La fiecare generaţie, o persoană este nevoită să se vadă ca și când ea ar fi fugit din Egipt".

Pe timpul Pesahului (Paștele evreiesc, n.r.) meniul este format din ierburi amare și pâine nedospită – „pâinea săracilor". De ce? Cumva acest lucru s-a transformat într-o tărie morală care a susținut comunitatea evreiască generaţii la rând. Obiceiul nu doar marchează și onorează tradiţiile evreiești, dar este și un prilej de a vizualiza și a gândi lucrurile care i-au ţinut împreună de-a lungul timpului.

Este foarte asemănător cu ceea ce stoicii au numit Cetatea Interioară, acea fortăreaţă dinlăuntrul nostru pe care nicio problemă exterioară nu o poate distruge. Un important amănunt este că nu ne naștem cu o asemenea structură; trebuie construită și consolidată constant. În perioadele bune, ne întărim psihicul și fizicul pentru că în momentele dificile vom depinde de ambele. Ne protejăm fortăreața interioară pentru ca și ea să ne apere la nevoie.

Pentru Roosevelt, viața era ca o arenă în care el era gladiator. Pentru a supraviețui, trebuia să fie puternic, încrezător, neînfricat, gata pentru orice. A avut voința de a asuma mari riscuri personale și a consumat multă energie pentru a putea clădi această rezistență.

Vei fi mult mai norocos dacă te vei pregăti pentru această lume care este – în cel mai bun caz – indiferentă față de existența ta. Fie că ne-am născut cu slăbiciuni, precum Roosevelt, fie că ne-am născut sub o stea norocoasă, trebuie să fim gata oricând să răspundem unor dificultăți. În felul nostru, în propriile noastre bătălii, cu toții suntem în postura în care s-a aflat și Roosevelt.

Nimeni nu se naște gladiator. Nimeni nu se naște cu o cetate interioară gata construită. Dacă vrem să avem succes în îndeplinirea țelurilor, în pofida obstacolelor pe care le întâmpinăm, trebuie să ne clădim această rezistență.

Pentru a deveni bun într-o privință anume trebuie mult exercițiu. Obstacolele sau dușmăniile necesită cam același lucru. Dacă ai crezut că este mai simplu să stai deoparte și să te bucuri de confortul unei vieți moderne, vei descoperi, atunci când cineva sau ceva îți încurcă planurile, că totul se întoarce cu capul în jos și că nu ești dispus să renunți la nimic.

Este aproape un clișeu remarca conform căreia pentru a întări o boltă trebuie să pui o greutate cât mai mare peste ea – pentru că asta presează cărămizile între ele, iar tensiunea dintre ele crește rezistența în ansamblu.

Calea spre rezistența supremă este să ai un profesor foarte bun. Nu ne permitem să fugim de lucrurile care ne sperie. Nu trebuie să acceptăm slăbiciunea noastră ca pe un dat permanent.

Îți convine să fii singur? Ești destul de pregătit să faci față încă unui rând de probleme, dacă va fi nevoie? Ești în regulă cu ideea de provocare? Nesiguranța te deranjează? Cum te simți atunci când se pune presiune asupra ta?

Toate aceste lucruri *ți se vor întâmpla.* Nimeni nu știe exact când sau cum, dar apariția lor este sigură. Iar viața îți va cere un răspuns. Tu singur îl vei da, pentru că viața este un șir de lucruri făcute de tine. Așa că mai bine te pregătești pentru ceea ce te așteaptă.

Armura te va proteja. Nu te va face invincibil, dar te va ajuta atunci când ți se schimbă norocul... și întotdeauna se schimbă.

Anticiparea

(A gândi negativ)

Dezastrul e aproape atunci când ești prea sigur de ceva.

INSCRIPȚIE VECHE DE PE ORACOLUL DIN DELPHI

Un CEO a cerut o întâlnire cu echipa lui, în perioada premergătoare lansării unei campanii noi. Fiecare participant și-a ocupat locul în sală, în jurul mesei. S-a cerut liniște și a început așa: „Am vești proaste. Proiectul a eșuat lamentabil. Spuneți-mi ce a fost greșit?"

Ce? Dar nici nu am demarat proiectul...

Asta este problema. CEO-ul forța un exercițiu retrospectiv în avans. Folosea o tehnică pe care a conceput-o psihologul Gary Klein, cunoscută și sub numele de *premortem*.

În cazul postmortem, medicii fac o examinare a cauzelor morții neașteptate a pacientului, astfel încât să poată învăța ceva și să îmbunătățească protocolul medical pentru cazurile care urmează. În afara domeniului medical, acest procedeu se numește altfel – debriefing, interviu de final, revizie – dar oricum s-ar numi, ideea este aceeași. Analizăm proiectul retrospectiv, după ce a avut loc.

Pre mortem este diferit. Astfel putem lua în considerare ceea ce poate merge rău, ce va merge sigur rău, dar înainte de a se întâmpla, înainte de a începe. Multe inițiative ambițioase eșuează din motive care ar putea fi evitate. Mult prea multe persoane nu au un plan de rezervă, pentru că refuză să ia în considerare posibilitatea ca să meargă ceva altfel decât cum își doresc.

Planul de acasă nu prea se potrivește mereu cu cel din târg. Rar se va întâmpla să primești ceea ce consideri că meriți. Cu toate acestea, ignorăm constant aceste certitudini și suntem șocați de evenimentele din viață, pe măsură ce ele au loc.

Este ridicol. Încetează să te lași nepregătit pentru asemenea situații.

Mike Tyson este cel care a descris cel mai bine lucrurile, referindu-se la decăderea faimei și a averii lui: „Dacă nu ești modest, viața te va smeri".

Dacă mai mulți ar avea un mod de gândire care să ia în considerare și scenariile pesimiste, în momentele cruciale ale existenței, atunci cazuri precum Enron, 11 septembrie, invazia din Irak, *tech bubble*, crash-ul imobiliar ar fi putut fi evitate. Nimeni nu a fost dispus să se gândească la ce se poate întâmpla, iar rezultatul? Catastrofal.

Modelul de gândire premortem a crescut azi în popularitate în mediul de afaceri, de la nivelul start-upurilor până la companiile din top 500 și prezente *Harward Business Review*. Dar, ca mai toate marile idei, de fapt nici aceasta nu este nouă. Stoicii au folosit-o pentru prima dată. Ei chiar aveau un nume mai bun pentru a o desemna: *premeditatio malorum* (preîntâmpinarea relelor).

Un scriitor precum Seneca ar începe prin revizuirea sau repetarea planurilor pe care le are, să spunem că ar fi vorba de o călătorie. Ar recapitula, în minte sau în scris, lipsa lucrurilor care ar putea merge rău sau care ar putea fi prevenite: s-ar putea porni o furtună, căpitanul ar putea pieri în ea, nava ar putea fi atacată de pirați.

„Nimic nu i se întâmplă unui înțelept, în afară de ceea ce a gândit", îi scria el prietenului său Lucilius. „... dar nici nu îi reușesc toate așa cum și-a dorit sau a plănuit – chiar dacă a premeditat că ceva îi va încurca planurile".

Trebuie să fim mereu pregătiți pentru ajustări, pentru a le integra în planurile noastre. Să fim gata, cum spuneau stoicii, pentru înfrângere sau pentru victorie. Și, serios vorbind, o surpriză plăcută este mult mai bună decât una neplăcută.

Ce ar fi dacă...

În cazul acela voi proceda...

Ce ar fi dacă...

Mai bine voi face...

Ce ar fi dacă...

Nicio problemă, oricând putem să...

Iar în cazul în care nu se poate face chiar nimic, stoicii s-ar folosi de situație ca de un fel de antrenament în care noi, ceilalți, eșuăm mereu: controlul asupra așteptărilor. Pentru că, uneori, singurul răspuns la „Ce ar fi dacă..." este, *va fi cam rău, dar asta este.*

Lumea ta se conduce după factori externi. Promisiunile nu sunt mereu ținute. Nu obții de fiecare dată ceea ce ți se cuvine, chiar dacă ți-ai câștigat acest drept. Nu totul este la fel de limpede și de corect precum simulările de situații pe care le realizai la facultate. Trebuie să fii pregătit pentru așa ceva.

Trebuie să faci compromisuri cu lumea din jurul tău. Depindem de alți oameni. Nu toți sunt de încredere așa cum poate că ești tu (deși, să fim sinceri, noi ne suntem dușmanii cei mai mari, uneori). Asta înseamnă că oamenii vor greși și vor strica planurile inițiale – nu neapărat de fiecare dată, dar destul de des.

Dacă acest lucru te va lua prin surprindere mereu când se întâmplă, nu doar că te vei simți oribil, dar vei consuma mult mai mult timp pentru a accepta situația ca atare și pentru a încerca a doua, a treia, a patra oară. Singura garanție pe care o poți avea este că *lucrurile vor merge rău*. Singurul lucru pe care îl putem folosi pentru a diminua pagubele este să anticipăm. Și asta pentru că singura variabilă pe care o putem controla, în totalitate, suntem noi înșine.

Înțelepciunea populară ne oferă câteva maxime:

Atenție la calmul de dinaintea furtunii.
Speră la ce e mai bun, așteaptă-te la ce e mai rău.
Ce e mai rău încă nu a venit.
Pentru a fi bine, mai întâi trebuie să fie rău.

Lumea poate spune despre tine că ești pesimist. Cui îi pasă? E mult mai bine să pari prăpăstios decât să fii orb la ce se întâmplă și să fii luat prin surprindere. E mai bine să te gândești la ce se poate întâmpla, să vezi punctele slabe ale planului tău, astfel încât riscurile de neevitat să fie percepute corect, luate în considerare așa cum trebuie sau pur și simplu asumate.

Și apoi, adevăratul motiv pentru care nu avem nicio problemă dacă ne gândim și la ghinion este pentru că nu ne temem de ceea ce se prevestește. Suntem pregătiți în avans pentru orice adversitate, iar alte persoane nu vor fi. Cu alte cuvinte, ghinionul este de fapt o șansă de a câștiga ceva timp. Suntem precum alergătorii care se antrenează pe dealuri sau la altitudine ridicată, astfel încât să-i poată învinge pe cei care se așteaptă la o cursă pe un teren perfect plat.

Anticiparea nu face neapărat ca lucrurile să fie mai simple, desigur. Numai că vom fi pregătiți pentru ele atât cât e nevoie, pe măsura lor.

Rezultatul anticipării ar fi că înțelegem gradul potențial de risc și conștientizăm astfel faptul că nu tot ceea ce ni se întâmplă (cu mici excepții) sunt lucruri bune. Ne putem pregăti astfel pentru ceea ce urmează. Înțelegem că se pot întâmpla și lucruri negative. Putem astfel să regândim totul, de la început.

Ai de gând să atingi țelul X, așa că investești timp, bani și relații pentru a-l obține. Cel mai rău lucru care se poate întâmpla nu este să se întâmple ceva rău, ci să se întâmple ceva rău care să te ia cu totul pe nepregătite. De ce? Pentru că un eșec neașteptat este descurajant și foarte dureros.

Totuși, cineva care a tot repetat în minte lucrurile care ar putea merge rău nu poate fi luat cu totul prin surprindere. O persoană gata să fie dezamăgită nu va mai fi. Va avea forța să treacă peste asta. Nu va fi atât de predispusă la descurajare sau nu va vrea să se eschiveze de la lucrurile pe care trebuie să le facă și nici nu va greși, atunci când se va afla sub presiunea lor.

Știi ce este chiar mai grozav decât să construiești lucrurile în imaginația ta? Să le faci în realitate. Sigur, este mult mai haios să te joci cu ele în minte decât să te lupți pentru a le împlini. Și atunci, la ce mai servește exercițiul ficțiunii? Te pregătește pur și simplu pentru dezamăgiri. Himerele sunt precum un pansament – te rănesc doar atunci când se împlinesc.

Prin anticipare avem timp să ne pregătim apărarea sau chiar să evităm cu totul un posibil eșec. Ne putem abate de la drumul inițial oricând, tocmai pentru că avem deja un plan pentru asta. Facem față oricărei situații în cazul în care lucrurile nu au mers conform planului inițial. Prin anticipare putem suporta rezultatul.

Suntem pregătiți pentru eșec și gata să primim succesul.

CE AR FI DACĂ ...

Arta consimțământului

Ursitoarele îndrumă persoana care le acceptă, dar o împiedică pe cea care li se opune.

CLEANTHES

Thomas Jefferson s-a născut liniștit, contemplativ, rezervat – hărăzit cu o problemă de vorbire. În comparație cu marii oratori ai vremii lui – Patrick Henry, John Wesley, Edmund Burke – era un foarte slab vorbitor în public.

Pasiunea l-a mânat spre politică, așa că avea două variante: să lupte cu această stare de fapt sau să o accepte ca atare.

A ales cea de-a doua variantă, așa că și-a canalizat energia în scris, spre deosebire de ceilalți, care preferau oralitatea. Acesta a devenit canalul lui favorit de comunicare. Mediul în care a descoperit că se poate exprima clar. Scrisul a devenit punctul lui forte. Jefferson a fost persoana spre care s-au îndreptat cei de la conducerea țării atunci când a fost nevoie de cineva să redacteze Declarația de Independență. Așa a ajuns chiar el să scrie unul dintre cele mai importante documente din istorie, fără să mai fie nevoie de corecturi.

Jefferson pur și simplu nu era un bun vorbitor – dar asta nu-l făcea cu nimic mai puțin capabil de a realiza lucruri importante.

Cam așa au stat lucrurile și cu Edison, care, deși aproape nimeni nu știe acest lucru, era aproape în totalitate surd. Sau cu Helen Keller, care era surdă și oarbă. În ambele cazuri vorbim de o privare a acestor simțuri – dar și de acceptarea acestei situații, nu de un resentiment în raport cu ea – ceea ce le-a permis persoanelor în cauză să dezvolte alte simțuri, foarte puternice, care să le integreze în viața de zi cu zi.

Chiar dacă nu suntem mereu de acord cu acest lucru, constrângerile din viață reprezintă un lucru bun. Mai ales dacă le acceptăm și le lăsăm să ne călăuzească. Ele ne împing spre zone (sau ne dezvoltă aptitudini) pe care altfel nu le-am fi atins. Am prefera mai degrabă să le avem pe toate la locul lor, nu? Desigur, numai că asta nu ne stă în putere.

„Un adevărat geniu" – spunea Dr Samuel Jackson, „este o minte cu o mare potențialitate canalizată, accidental, spre o direcție anume."

Această canalizare necesită asentiment. Necesită acceptare. Trebuie să permitem ca accidentele să ni se întâmple.

Nu pot să renunț pur și simplu! Trebuie să lupt!

Știi bine că nu ești singura persoană care trebuie să accepte unele lucruri care nu îi fac neapărat plăcere, nu? Face parte din condiția umană.

Dacă un cunoscut ia semnele de circulație ca pe ceva care i se adresează personal, vom spune că este nebun.

Chiar asta este ceea ce face viața cu noi. Ne spune unde trebuie să ne oprim. Sau că unele intersecții sunt blocate, că o anume rută a fost deviată printr-o variantă neconvenabilă. Nu putem contesta sau urla continuu din acest motiv. Pur și simplu îl acceptăm.

Acceptarea lui nu înseamnă că am renunțat să ajungem la destinație. Dar ne va schimba modul de călătorie și durata drumului.

Când un doctor îți spune ce trebuie să faci și pune un diagnostic – chiar dacă nu este deloc ceea ce ți-ai dori tu să fie – ce vei face? Accepți. Nu trebuie să îți placă sau să te bucuri de tratament, numai că ești conștient de faptul că, refuzându-l, obții doar o amânare a vindecării.

După ce am delimitat lucrurile care depind și care nu depind de noi (*ta eph'hemin, ta ouk eph'hemin)*, și ne întâlnim totuși cu o situație care nu ne stă sub control, avem o singură opțiune... acceptarea.

Nu am nimerit ținta.

Stocurile s-au epuizat.

Vremea rea a întârziat transportul.

Spune împreună cu mine: *C'est la vie. Totul e în regulă.*

Nu trebuie să îți placă ceva pentru a-l duce la îndeplinire – sau pentru a trage ceva avantaje de pe urma lui. Atunci când motivul problemei pe care o avem este în afara noastră, mai bine îl luăm ca atare și mergem mai departe. E mai bine să încetăm lupta cu el și să ajungem la un compromis. Stoicii au un nume foarte frumos pentru această atitudine. Ei o numesc **Arta consimțământului**.

Să fim clari, asta nu înseamnă același lucru cu a renunța. Nu are nicio legătură cu această opțiune – se referă la lucruri care nu pot fi schimbate prin ceva ce putem face noi. Este mult mai simplu să vorbești despre cum *ar trebui* să fie lucrurile. E nevoie de putere, modestie și dorința de a le accepta așa cum sunt. E nevoie de un adevărat bărbat sau o adevărată femeie pentru a înfrunta *necesitatea*.

Toate evenimentele externe ne pot fi în aceeași măsură și utile, pentru că le putem roti cu 180 de grade pentru a ne folosi de ele. Ne pot învăța lucrurile care ne-au scăpat până atunci.

În 2006, de exemplu, o accidentare la șold care a necesitat un tratament mai îndelungat l-a afectat pe antrenorul lui Lakers, Phil Jackson, iar operația pe care a trebuit să o facă i-a anulat pentru o perioadă posibilitatea de a se mișca. Pe marginea terenului, într-un scaun special, alături de jucători, nu putea deloc să interacționeze cu aceștia la fel ca înainte. La început, Jackson s-a temut că acest lucru îi va diminua capacitatea de a antrena. De fapt, stând dincolo de linia de margine a terenului, în spatele băncii de schimb, *i-a crescut* autoritatea. A învățat cum să se facă auzit fără a fi arogant și agresiv, așa cum era înainte.

Numai că, pentru a obține aceste avantaje, trebuie ca în primul rând să acceptăm costurile – chiar dacă la început ne-am fi dorit ca ele să nu existe deloc.

Din nefericire, de prea multe ori, suntem prea puțin doritori să facem asta. Ne gândim instinctiv la cât de bine ne-am dori să ne fie, în orice situație ne-am afla. Începem să ne imaginăm cum ne-ar plăcea să stea lucrurile. De puține ori ne gândim cât de rău ar fi putut să se sfârșească ele.

Iar lucrurile pot merge *întotdeauna* rău. Nu ca să fii superficial, dar data viitoare când:

Ai pierdut bani?
Amintește-ți, puteai pierde un prieten.
Ți-ai pierdut jobul?
Dacă îți pierdeai o mână sau un picior?
Ți-ai pierdut casa?
Ai fi putut să pierzi *totul.*

Cu toate acestea, mereu ne văităm și ne plângem de ceea ce ni s-a luat. Încă nu apreciem la adevărata valoare ceea ce avem.

Orgoliul care stă la baza ideii că putem schimba orice este de dată relativ recentă. Într-o lume în care putem trimite documente oriunde în lume în câteva miimi de secundă, în care putem prezice vremea la minut, este foarte simplu să facem presupunerea că am domesticit natura și că aceasta se află la bunul-plac al nostru. Desigur, acest lucru nu este adevărat.

Oamenii nu au gândit mereu așa. Anticii (și nu doar ei) obișnuiau să folosească mai des decât noi ideea de soartă, pentru că înțelegeau mai bine cât de capricioasă și de întâmplătoare poate fi lumea. Evenimentele erau considerate „voința Zeilor". Ursitoarele erau forțele care ne marcau viața, adesea fără să ne facă prea mult pe plac.

Scrisorile se încheiau, de regulă, cu „*Deo volente*" – „Facă-se voia zeilor". Cine știe ce se putea întâmpla?

Să ne gândim la George Washington, cel care și-a pus toate speranțele în Revoluția Americană și a spus: „Evenimentul se află la mâna lui Dumnezeu". Sau la Eisenhower, care îi scria soției, la momentul debutul invaziei Aliaților în Sicilia: „Am făcut tot ceea ce ne-a trecut prin minte, trupele sunt pregătite, fiecare își face treaba. Finalul e în puterea zeilor". Acestea nu sunt genul de persoane care să lase detaliile sau greul pe umerii altor oameni – doar au înțeles că, în cele din urmă, ce se va întâmpla se va întâmpla. Cu ideea aceasta au pornit la drum.

Este vremea să devenim modești și suficient de înțelegători pentru a face loc acestei concluzii și în viața noastră. Există întotdeauna cineva, sau ceva, care ne poate modifica planul inițial. Iar acea persoană nu suntem noi. Așa cum se spune, „Omul propune, Dumnezeu dispune".

Ce va fi va fi.

Doamne ferește.

În voia sorții.

Legea lui Murphy.

Pe oricare dintre variantele de mai sus le preferați, este același lucru. Nu s-au schimbat prea multe odată cu trecerea timpului – anticii erau doar ceva mai conștienți de asta. Uite: dacă am vrea să folosim metafora conform căreia viața este un joc de cărți îndemnul este să faci o partidă bună cu cărțile care îți pică în mână.

Felul în care este viața ne dă suficent cât să ne descurcăm, să putem face ceva. A lua lucrurile și oamenii așa cum sunt este un pas înainte. Mergi acolo unde te duc evenimentele, așa cum apa șiroiește la vale – până la urmă ea răzbește prin toate piedicile, nu-i așa?

Pentru că:

(a) ești suficient de robust și de rezistent pentru a face față la ce se va întâmpla, (b) oricum nu te poți împotrivi acestui lucru, (c) oricât de mare ar fi perspectiva pe care o ai, sau timpul pe care îl dedici unui lucru, trebuie să accepți totuși că acestea reprezintă doar o clipită insignifiantă.

Faptul că suntem indiferenți nu este o slăbiciune.

Așa cum spunea Francis Bacon, natura, pentru a fi comandată, trebuie mai întâi supusă.

Iubește tot ce ți se întâmplă: amor fati

Expresia mea pentru ceea ce este măreț în oameni este amor fati: ca să nu vrei să ai nimic altfel, nici înaintea ta, nici în urma ta, nici în întreaga veșnicie. Nu numai să știi să înduri ceea ce este necesar, și cu atât mai puțin să-l ascunzi – orice idealism este ipocrizia în fața necesității – ci să-l iubești...".

NIETZSCHE

La 67 de ani, Thomas Edison s-a întors acasă mai devreme, de la încă o zi petrecută în laborator. Imediat după cină, un bărbat a dat buzna la el cu o veste urgentă. Un incendiu distrusese campusul de cercetare și de producție a lui Edison, aflat la câtiva kilometri depărtare.

Mașini de pompieri din opt orașe apropiate au ajuns rapid la incident, dar nu au putut domoli flăcările. Alimentate de diverse substanțe chimice care se aflau prin clădirile campusului, flăcări verzi și galbene s-au înălțat spre cer la șase-șapte etaje înălțime, amenințând să distrugă toată munca prin care Edison a clădit complexul de cercetare.

Edison a ajuns la locul incendiului urgent, dar calm. Acum era plin de privitori și de angajații care păreau devastați. El își căuta fiul. „Adu-o pe mama ta și pe toți prietenii ei", i-a spus acestuia, cu o bucurie copilărească. „Nu vom mai vedea niciodată un foc precum acesta."

Ce?!

Nu te îngrijora, l-a liniștit Edison. „Este în regulă. Am scăpat de o mulțime de gunoaie."

Este o reacție destul de surprinzătoare. Dar, dacă ne gândim mai bine, nu exista un alt răspuns mai bun.

Ce ar fi putut să facă Edison? Să plângă? Să fie furios? Să fugă acasă?

Ce ar fi obținut făcând asta?

De acum știi răspunsul: nimic. Așa că nici el nu a pierdut timpul să își plângă de milă. Pentru a face lucruri deosebite, trebuie să avem puterea de a întâmpina așa cum se cuvine tragediile, și apoi să ne liniștim. Trebuie să iubim ceea ce avem și tot ceea ce se întâmplă, cu bune și cu rele. Trebuie să învățăm să găsim bucurie în fiecare lucru din viața noastră.

Desigur, existau mai mult decât niște gunoaie în clădirile lui Edison. Ani și ani de arhive, prototipuri și cercetări, cu toate s-au transformat în scrum. Clădirile, realizate din ceea ce se credea a fi beton rezistent la ardere, erau asigurate la o valoare mult scăzută față de realitate. Crezând că sunt imune în fața dezastrelor, Edison și investitorii din spatele lui au putut fi despăgubiți cu doar o treime din valoarea reală.

Cu toate acestea, Edison nu a căzut pe gânduri, cel puțin nu atât cât ar fi putut. Dimpotrivă, a devenit mai activ. După cum spunea unui reporter a doua zi, nu era atât de bătrân pentru a nu putea să o ia de la capăt. „Am trecut prin multe lucruri de genul acesta. Ele scapă orice persoană de la a deveni victima propriului succes".

În circa trei săptămâni, fabrica era parțial reparată și reîncepuse o parte din producție. Într-o lună, muncitorii lucrau deja în două schimburi pentru a realiza produse pe care nimeni nu le mai văzuse până atunci. În ciuda unor pierderi de circa 1 milion de dolari (cam 23 de milioane de dolari la cursul de azi), Edison a avut suficientă forță pentru a obține încasări de circa 10 milioane de dolari (mai bine de 200 de milioane în ziua de azi). Nu doar că trecuse printr-un dezastru major, dar își și revenise și îi răspunsese acestuia spectaculos.

Următorul pas după ce renunțăm la toate așteptările și *acceptăm* ceea ce ni se întâmplă, după ce înțelegem că anumite lucruri – mai ales acelea negative – nu ne sunt sub control, este acesta: să iubim orice ni se întâmplă și să îi facem față cu o bucurie infailibilă.

Este procedeul de a transforma ceea ce e *obligatoriu,* în a face ceea ce *se cade* să facem.

Să folosim sentimentele, energia, frustrările acolo unde acestea vor avea un impact real. Acolo este locul lor. Să ne spunem:

> *Asta este ceea ce e bine să fac, sau e cazul să lupt împotrivă? Bun, aș putea fi în același timp și fericit cu acest lucru.*

Iată un exemplu de luat în seamă: marele boxer Jack Johnson – aflat în repriza cu numărul 15 împotriva lui Jim Jeffries. Jeffries, marea speranță albă, a fost rechemat să lupte, deși se retrăsese, pentru a face față ascensiunii fulminante a campionului de culoare. Iar Johnson, detestat, desigur, de adversar, dar și de public, s-a simțit în largul lui în fiecare moment al meciului. A zâmbit, a glumit, a dus lupta până la final.

De ce nu? Nicio altă variantă nu îi era mai de folos. Trebuia să răspundă la ură cu ură? Amărăciunea era ceea ce îi propuneau adversarii, dar Johnson a refuzat să îi cadă pradă.

Nu e vorba că a acceptat pur și simplu un abuz. Johnson a conceput un plan anume pentru acest meci. La fiecare replică nesuferită venită din colțul lui Jeffries, își mai băga o dată adversarul în chingi. La fiecare lovitură nepermisă sau încercare de eschivă a lui Jeffries, Johnson îi arunca o glumă și îi răspundea cu o lovitură – niciodată însă nu s-a pierdut cu firea. Iar când a primit o lovitură bine plasată, care i-a spart buza, a continuat să zâmbească – un zâmbet însângerat, dureros, dar totuși plin de voioșie. Cu fiecare repriză era mai fericit, mai prietenos, iar adversarul lui devenea tot mai obosit și mai furios, spre final pierzând chiar dorința de a lupta.

În cele mai grele momente pe care le ai, amintește-ți de Johnson: mereu calm, mereu în control, cu plăcerea de a profita de orice ocazie îi era dată, dorind să aibă succes pentru spectatori, chiar dacă aceștia doreau sau nu ca el să câștige. Cu răspunsul cuvenit la fiecare provocare din partea adversarului, l-a forțat pe acesta să își sape propriul mormânt. Finalul l-a adus pe Jeffries la podea, iar orice îndoială la adresa lui Johnson a fost redusă la tăcere.

Cam așa spunea și Jack London, celebrul romancier, comentând de pe marginea ringului de box:

> *Nimeni nu îl înțelege pe acest bărbat care zâmbește. De aceea, povestea luptei din ring este povestea unui zâmbet. Dacă cineva a reușit vreodată să câștige o luptă fără să facă alt efort decât acela de a zâmbi, Johnson este acea persoană.*

Luptătorul acela suntem noi – sau, mai degrabă, *am putea să fim,* dacă ne străduim să facem ca el. Și noi suntem prinși în lupte cu obstacolele noastre și le putem pune la podea prin zâmbetul nostru constant (care îi va înfuria sau împiedica pe cei care vor să ne mâhnească). Putem fi Edison, cu fabrica arzând, fără a ne plânge de milă, ci admirând o scenă spectaculoasă. Iar apoi începând efortul de reconstrucție încă de a doua zi, pentru a ne reveni cât mai repede.

Obstacolul tău ar putea să nu fie atât de grav sau de violent. El are totuși o miză și este dincolo de controlul tău. Tot ceea ce merită este un singur tip de răspuns: un zâmbet.

Acest lucru era recomandat și de stoici: **veselia în orice situație, mai ales în cele rele.** Cine știe de unde or fi aflat Edison și Johnson despre această maximă, cert este că au aflat.

A învăța să nu țipăm și să nu urlăm în situațiile pe care nu le putem controla este una. Indiferența și acceptarea sunt, cu siguranță, de preferat dezamăgirii sau furiei. Foarte puțini înțeleg sau practică această artă. Dar acesta este numai primul pas. Mai bună decât toate acestea este dragostea față de *tot* ceea ce ni se întâmplă, în orice situație.

Scopul este:

NU: *Sunt de acord cu asta.*
NU: *Cred că mă împac cu acest gând.*
CI: *Este extraordinar.*

Pentru că dacă s-a întâmplat, atunci era sortit să se întâmple, și sunt bucuros că s-a întâmplat, când s-a întâmplat. Mi-a fost scris să profit la maximum de asta.

Și începi să faci exact acest lucru.

Nu putem să alegem ceea ce ni se întâmplă, dar putem alege, de fiecare dată, cum ne raportăm la ceea ce ni se întâmplă. Și de ce, pentru numele lui Dumnezeu, *ai alege* să te simți altfel decât bine? Putem alege să ne clădim o imagine bună despre noi. Dacă ceva trebuie să se întâmple, *amor fati* (iubirea destinului) este răspunsul corect.

Nu îți risipi nicio clipă privind înapoi, spre așteptările tale. Privește înainte, dar fă-o cu un zâmbet elegant.

Este important să îți amintești de Johnson și de Edison, pentru că ei nu au fost indiferenți. Nu au trecut pur și simplu prin situațiile dificile și le-au acceptat indiferenți. Au acceptat tocmai că li s-a întâmplat lor. Le-a *plăcut* asta.

Este puțin cam împotriva firii, știu, să simți respect pentru lucruri pe care nu le-ai dorit să se întâmple deloc. Dar știm deja, în acest moment, că oportunitățile și beneficiile vin odată cu problemele. Știm că pentru a le depăși trebuie să ne întărim, suntem mai preciși, mai puternici. Nu prea există motive întemeiate pentru a amâna aceste sentimente.

Ne place acest lucru pentru că este un combustibil. Și nu doar dorim să ne alimentăm. Avem nevoie de el. Nu putem face nimic fără el. Nimeni și nimic nu poate. Așa că suntem recunoscători atunci când îl avem.

Asta nu înseamnă că binele va învinge întotdeauna răul. Sau că îl vom primi gratis, fără să plătim pentru el. Dar există, de fiecare dată, ceva bun – chiar dacă, la început, este greu perceptibil – se află conținut în lucrul rău care se întâmplă.

Îl putem depista și putem fi voioși datorită lui.

iubește

TT

ce ți se întâmplă

Perseverență

Domnilor, insist în această provocare. Repet, insist chiar acum în această provocare.

WINSTON CHURCHILL

Ulise a părăsit Troia după un război lung de zece ani cu destinația acasă, spre Itaca. De ar fi știut ce îl așteaptă: încă zece ani de încercări. Atâta i-a trebuit pentru a se apropia de pământurile natale, de regina lui și de fiu.

A avut de înfruntat furtuni, ispite, Ciclopi, pericole mortale și un monstru cu șase capete. A fost ținut în captivitate timp de șapte ani și a avut de îndurat mânia lui Poseidon. Și mai ales, desigur, întors acasă, în Itaca, a avut de luptat cu dușmanii care îl asaltau, încercând să îi ia regatul și soția.

Cum a trecut prin toate acestea? Cum a ajuns acasă acest erou, în ciuda tuturor problemelor?

Prin creativitate, desigur. Dar și puțină șiretenie, și conduită, disciplină și curaj.

Dar, dincolo de orice, prin perseverență.

Am discutat despre Ulysses S. Grant și misiunea lui de-a lungul râului, la Vicksburg, în căutarea unei căi, oricare ar fi aceasta, pentru a-l traversa și a putea cuceri orașul. Asta este *stăruința.* Acesta este Ulise stând la porțile Troiei și încercând orice, înainte de succesul pe care l-a avut calul Troian. Stăruința. Totul canalizat spre o problemă, până când aceasta cedează.

Cum ar fi zece ani de încercări și de necazuri? De dezamăgiri și de greșeli care nu te fac să renunți? De verificare zilnică a comportamentului și de a încerca, pas cu pas, să te apropii de casă – locul în care vei înfrunta o mulțime de alte probleme, imediat ce ajungi. A înfruntat totul cu inima oțelită și gata să îndure orice pedepse i-ar fi decis zeii, și a făcut asta plin de curaj și de tenacitate, doar pentru a se întoarce la Itaca. Iată ceva mai mult decât stăruința, iată **perseverență**.

Dacă stăruința este încercarea de a rezolva niște probleme dificile, cu hotărâre și cu insistență, până când se găsește o breșă, atunci destul de multe persoane pot spune că sunt stăruitoare. Dar perseverența este ceva mai mult. Este un joc de durată. Este despre ceea ce se întâmplă nu doar în prima repriză, ci și în a doua și în toate celelalte, iar apoi lupta următoare, și cea care vine după aceea, până la final.

Germanii au un termen pentru asta: *Sitzfleish.* Forță care dăinuie. Victorie prin a-ți înfige picioarele în pământ si a rămâne neclintit până când ce totul este rezolvat definitiv.

Viața nu înseamnă un obstacol, ci *mai multe.* Ceea ce ni se cere nu este un fel de concentrare de moment, pe un singur aspect al unei probleme, ci o ambiție care să ne ajute să ajungem de fiecare dată acolo unde trebuie, când se va putea, cum se va putea, fără să ne poată opri ceva.

Vom depăși fiecare obstacol – și vor mai fi multe altele în viața noastră – până ce vom ajunge unde trebuie. Insistența este o acțiune. Perseverența ține de voință. Prima este energie. Cea de-a doua este rezistență.

Și, desigur, ele au legătură una cu alta. O spunea foarte bine Tennyson:

Slăbit de vreme și de soartă, dar puternic în privința voinței
De a îndura, de a căuta, de a găsi și a nu îngenunchea.

Insistă și perseverează.

De-a lungul istoriei au existat multe strategii pentru a depăși nenumăratele probleme care afectau la nesfârșit anumiți indivizi sau grupuri de persoane. Uneori soluția a venit de la tehnologie, alteori a fost violența, alteori a fost un mod revoluționar de a gândi, care a schimbat totul.

Ne-am tot uitat la asemenea exemple. Dar dintre toate, o strategie a fost mai eficientă decât celelalte, și acesteia i se datorează soluționările cele mai multe. Funcționează și în situații bune, și în situații rele, și în situații periculoase și chiar în cele ce par fără speranță.

Când Antonio Pigafetta, secundul lui Magellan în călătoria acestuia în jurul lumii, a fost întrebat despre cea mai mare și mai de admirat abilitate a superiorului său, ce credeți că a răspuns? Nu avea nicio legătură cu navigația. Secretul succesului lui, a spus Pigafetta, a fost abilitatea de a îndura foamea mai bine decât ceilalți membri ai echipajului.

Există mult mai multe înfrângeri cauzate de pierderea voinței decât vor exista vreodată din motive obiective, care țin de evenimente exterioare nouă.

Perseverență. Puterea unui țel. Voință animalică. Aceste trăsături erau componente unice ale ADN-ului american. Numai că ele au slăbit în intensitate de ceva timp. Așa cum Emerson scria în 1941:

> *Dacă un tânăr eșuează la primele încercări, își pierde orice încredere în el. Dacă un tânăr comerciant dă greș, spune că este ruinat. Dacă cel mai mare geniu studiază la unul dintre colegiile noastre și la un an*

după terminarea studiilor nu are propriul birou în centrul orașului, la Boston sau New York, pare să aibă toate motivele să fie trist și deplâns de colegi, ba chiar de el însuși, pentru tot restul vieții.

Să ne gândim ce ne-ar spune înaintașii despre noi, astăzi. Ce ar spune despre tine?

Cei mai mulți din colegii de generație au decis să se mute înapoi, cu părinții, după absolvirea facultății. Șomajul este, pentru vârsta lor, de două ori mai mare decât media națională. Conform unui studiu din 2011, realizat de Universitatea Michigan, mulți absolvenți nu sunt interesați nici măcar de obținerea permisului de conducere. *Șoselele sunt pline*, spun ei, *așa că de ce să îmi iau un permis pe care nu-l voi putea folosi*?

Ne plângem, ne văităm și suntem nefericiți atunci când lucrurile nu se întâmplă exact așa cum ne dorim. Suntem distruși atunci când ceea ce ne-a fost „promis" se anulează – ca și cum asta nu ar avea voie să se întâmple. În loc să facem ceva să schimbăm situația, stăm acasă și ne jucăm pe console, călătorim sau, mai rău, dăm banii pe alte cursuri, pentru care ne împrumutăm. Iar apoi ne întrebăm de ce lucrurile nu se îmbunătățesc.

Ne-ar fi mult mai bine dacă am urma contraexemplul lui Emerson. Cineva care este dispus să încerce nu una, ci mai multe profesii – care practică agricultura, vinde te miri ce, merge și la școală, oferă lecții pentru alții, scoate o publicație, merge la Congrese, și așa mai departe, timp de câțiva ani – va cădea, de fiecare dată, precum o pisică, doar în picioare.

Aceasta este perseverență. Iar Emerson înțelege că „prin exersarea încrederii de sine, se vor genera noi aptitudini". Lucrul cu adevărat bun în privința perseverenței reale este că nu poate fi oprită de nimic, în afară de moarte.

Ca să îl cităm pe Beethoven:

> *Barierele nu sunt încă ridicate, ceea ce le poate impune talentelor aspirante și oamenilor întreprinzători limita până aici și nu mai departe.*

Putem ocoli, trece pe deasupra sau da înapoi, pentru a depăși un obstacol. Putem decide că inerția și înfrângerea nu sunt sinonime, putem continua, merge înainte, chiar dacă o cale aleasă nu dă roade.

Acțiunile noastre pot fi constrânse de împrejurări, dar voința noastră nu poate fi. Planurile noastre – sau chiar trupurile noastre – pot fi înfrânte. Dar credința în noi înșine? Nu contează de câte ori suntem respinși, înăuntrul nostru vom găsi puterea de a decide să mai încercăm o dată. Sau să încercăm altfel. Sau, în cel mai rău caz, să acceptăm realitatea și să ne alegem un alt țel.

A fi hotărât, dacă la asta vă gândeați, este invincibil. Nimic, în afară de moarte, nu ne poate împiedica să urmăm sfatul lui Churchill: ține-o tot așa.

Disperare? Asta e în tine. Nimeni altcineva nu este vinovat dacă decizi să te dai bătut.

Nu avem control asupra barierelor sau asupra oamenilor care ni le ridică în cale. Dar avem control asupra noastră, iar asta este suficient.

Principala amenințare la adresa hotărârii este, atunci, nu ceea ce ni se întâmplă, ci noi înșine. De ce ai vrea să fii cel mai mare dușman al tău?

Stai o clipă și judecă.

Mergi tot înainte și menține-ți echilibrul.

Ceva mai mare decât tine însuți

Rolul unui om este de a face lumea un loc mai bun de trăit, atât cât poate el întotdeauna având în minte faptul că rezultatele vor fi infinitezimale – și să-și urmeze sufletul.

LEROY PERCY

Pilotul James Stockdale din marina SUA a fost doborât în 1965, în Vietnam. După ce a aterizat prin catapultare, și-a petrecut primele minute gândindu-se la ceea ce avea să-l aștepte odată ajuns la sol și capturat. Întemnițarea? Sigur. Tortura? Probabil. Moartea? Posibil. Cine știe cât va dura totul sau dacă își va revedea vreodată familia?

În următorul moment gândurile au luat însă sfârșit. Nu mai îndrăznea să se gândească la el însuși. Știți, el avea totuși o misiune.

În timpul Războiului din Coreea, cu zece ani înainte, instinctul de autoconservare își arătase partea lui urâtă. În închisorile înghețate și înspăimântătoare ale taberelor de război, fiecare soldat american se preocupa doar de sine. Pentru că erau speriați de moarte, instinctele de supraviețuire ale prizonierilor americani de război erau atât de copleșitoare, încât se luptau între ei pentru a supraviețui, în loc să lupte împotriva celor care îi capturaseră, pentru a reuși să supraviețuiască împreună sau pentru a evada.

Stockdale (căpitan, pe atunci) știa că va fi prizonierul cu gradul cel mai mare capturat de nord-vietnamezi și mai știa că nu putea face nimic împotriva acestui lucru. În calitate de ofițer cu grad de comandă putea să-i coordoneze, însă, pe ceilalți prizonieri, să îi sprijine, să le dea o perspectivă mai bună asupra situației (printre ei se afla și viitorul senator John McCain). Va putea schimba *această* situație, astfel încât să nu lase istoria să se repete, iar acest lucru a devenit scopul său, cu care putea fi de ajutor camarazilor. Asta este ceea ce a și făcut timp de șapte ani, dintre care doi ani a fost obligat să poarte cătușe la picioare, fiind în izolare generală.

Stockdale și-a luat în serios obligația de căpitan. A fost destul de aproape de momentul sinuciderii, nu pentru a pune capăt suferinței personale, ci pentru a transmite astfel un mesaj gardienilor. Și alți soldați își dăduseră viața în sprijinul războiului. Deci nu va știrbi memoria vie a sacrificiului lor, permițând ca el să fie folosit pe post de unealtă împotriva cauzei comune. Ar fi preferat ca mai bine să fie rănit decât să se lase folosit, chiar împotriva voinței proprii, pentru rănirea sau subminarea altora. În cele din urmă s-a dovedit a fi rezistent la orice atac fizic a fost supus de cei care îl țineau în captivitate.

Dar era și el om, în cele din urmă. Așa cum erau și camarazii lui. Primul lucru pe care l-a făcut a fost acela de a se debarasa de orice urmă de idealism referitor la ceea ce se poate întâmpla cu un soldat căruia i se cere să ofere informații secrete, după ore în șir de tortură. Așa că a pus la cale un fel de rețea de sprijin în interiorul lagărului, care să le vină în ajutor soldaților care se simțeau rușinați pentru că cedaseră sub presiune. *Cu toții suntem în aceeași barcă*, le spunea el. Și le-a dat un fel de slogan care să îi îmbărbăteze: US – Unitate dincolo de Sine.

John McCain, care se afla într-o celulă alăturată, a acționat în același fel și a fost capabil să reziste unor torturi de nedescris. Sperând să arunce o pată neagră asupra prestigioasei tradiții militare din familia McCain, Vietcongul i-a oferit în numeroase rânduri șansa de a fi eliberat și de a merge acasă. Numai că el nu a acceptat-o. Nu a vrut să saboteze cauza pentru care lupta, în ciuda interesului personal. A rămas și a fost torturat, la alegerea lui.

Aceste două persoane nu au dat dovadă de fanatism – cu siguranță că au avut propriile îndoieli despre războiul din Vietnam. Dar luptau, de acum, pentru camarazi. Le păsa de colegii de suferință din lagăr și au avut nevoie de multă putere pentru a pune interesul grupului mai presus de cel personal.

Din fericire, tu nu te vei găsi într-un asemenea lagăr în perioada următoare. Însă trecem și noi prin momente economice dificile, iar uneori ne putem simți destul de disperați.

Ești tânăr, nu din vina ta se întâmplă aceste lucruri, nu este greșeala ta. Cu toții am cam încurcat-o. Istoria doar ne ajută să nu ne mai gândim atât de mult la propria persoană, să nu spunem nimic despre sentimentele noastre față de ceilalți. Să gândim – fie și doar în particular – *nu-mi pasă de ei, trebuie să am grijă în primul rând de mine, până nu e prea târziu.*

Cu câțiva ani în urmă, în mijlocul unei crize financiare, muzicianul Henry Rollins a reușit să își exprime cele mai adânci sentimente umane mai bine decât o fac două milenii de doctrină religioasă:

> *Oamenii devin puțin cam disperați. Poate că ei nu reușesc să exprime tot ceea ce au mai bun. Nu trebuie să te cobori niciodată atât de mult încât să devii ceva ce ție nu îți place. Niciodată nu a fost un moment mai oportun decât acesta, pentru a da dovadă de spirit moral și civic. De a avea un reper moral și civic. Este o șansă imensă pentru tine, ca tânăr, să fii erou.*

Nu e vorba aici de a te transforma într-un martir. Atunci când suntem atenți la ceilalți, ajutându-i sau pur și simplu servindu-le drept exemplu, se vor atenua și propriile noastre temeri sau necazuri. Când temerile și durerile noastre nu ne mai sunt preocuparea principală, acestea pierd din intensitate. Scopurile comune ne oferă putere.

Dorința de a renunța sau compromisurile făcute unor principii par foarte rapid egoiste atunci când ne gândim că vor exista persoane care vor avea de suferit din aceste cauze. Atunci când vine vorba despre obstacole și reacțiile pe care le provoacă acestea – plictiseală, ură, frustrare sau confuzie – doar pentru că tu le simți așa, nu înseamnă că sunt receptate identic și de ceilalți.

Uneori, când suntem blocați într-o problemă personală, una dintre cele mai bune modalități de a găsi soluții sau noi căi de atac este să gândești așa: *dacă nu pot rezolva de unul singur asta, cum pot face ca măcar pentru ceilalți problema să fie mai simplă?* Să luăm drept bun, pentru o secundă, faptul că nu ar exista nimic pozitiv pentru noi, că nu putem face nimic altceva într-o situație dată. Cum putem folosi această situație în beneficiul *altora*? Cum putem trage o învățătură de aici? *Dacă nu pot pentru mine, atunci pentru familie sau pentru alte persoane dintre acelea care ar avea nevoie la un moment dat, fiind într-o situație similară.*

Cu siguranță nu ajută să te raportezi numai la tine: *De ce mi s-a întâmplat mie? Cum mă voi descurca?*

Vei fi șocat cum dispare lipsa de speranță atunci când ajungem la această concluzie. Pentru că acum avem ceva *de făcut*. Ca și Stockdale, acum avem o misiune. Ca din neant am primit ordine, iar lucrurile trebuie îndeplinite.

Încetează să îți faci situația mai complicată gândindu-te mereu la eu, eu, eu. Încetează să mai pui acest periculos eu în fața evenimentelor. Eu am făcut asta. Eu am fost atât de deștept. Eu am avut chestia aia. Eu merit mai mult. Nu e de mirare că iei pierderile foarte personal, nu e de mirare că te simți atât de singur. Ți-ai exagerat importanța rolului pe care îl ai.

Începe să gândești așa: Unitate dincolo de Sine. Suntem cu toții în aceeași barcă.

Chiar dacă nu putem duce povara tot timpul, trebuie să o scotem cumva la capăt. Ne ajutăm ajutându-i pe alții. Devenim mai buni făcând asta, trăgând foloase de pe urma situației.

Prin orice ai trece, orice te-ar ține pe loc sau ți-ar sta în cale, poate fi convertit într-o sursă de putere – gândindu-te la alte persoane decât la tine. Nu vei avea timp să te gândești la suferința ta din cauză că sunt alte persoane care suferă, iar tu vei fi atent la ele.

Mândria poate fi falimentară. Rezistența are limitele ei. Dar dorința de a ajuta? Nici resentimentele, nici privațiunile sau truda nu ar trebui să interfereze cu empatia noastră față de ceilalți. Compasiunea este mereu o opțiune. La fel de bine precum camaraderia. Aceasta este o putere care vine din voință și care nu ne poate fi luată niciodată.

Încetează să mai crezi că treci prin ceva care este cumva diferit sau nedrept. Orice necaz ai avea – nu contează cât de dificil este – nu este un ghinion unic, ales special pentru tine. Este doar ceea ce este.

Un fel de miopie este cea care ne convinge, în defavoarea noastră, că suntem centrul universului. De fapt, să fim serioși, dincolo de noi este o întreagă lume plină de indivizi care s-au confruntat cu lucruri mult mai grave decât ale noastre. Nu suntem speciali sau unici pentru simplul fapt că existăm. Suntem cu toții, în diferite momente din viața noastră, victimele unor evenimente întâmplătoare și, adesea, de neînțeles.

A ne aminti acest lucru este un alt mod de a fi mai puțin egoiști.

Oricând ne putem da seama că în urmă cu 10 ani, cu un secol, cu o mie de ani, cineva asemeni nouă a avut de-a face cu probleme similare, sau a avut de luptat cu gânduri aproape identice cu ale noastre. Aceste persoane nu aveau nicio idee despre existența ta ulterioară, dar tu ești sigur că ele au existat. Peste un secol, cineva se va afla în locul tău, încă o dată.

Profită de această forță, acest simț al apartenenței la un mare tot. Este un gând îmbucurător. Lasă-l să te cuprindă. Suntem cu toții oameni și facem tot ce putem mai bine. Cu toții nu încercăm decât să supraviețuim, iar în acest proces mutăm lumea cu un pas mai înainte.

Ajută-i pe ceilalți oameni să prospere și să supraviețuiască, adu-ți mica ta contribuție la univers, înainte să te înghită, și fii mulțumit de acest lucru. Întinde o mână de ajutor celorlalți. Fii puternic pentru ei, și asta te va face și pe tine mai puternic.

FII PUTERNIC
PENTRU
EI

Meditează asupra morții tale

Când cineva ştie că va fi spânzurat în câteva zile, îşi adună gândurile foarte spectaculos.

DR JOHNSON

La finalul anului 1569, un nobil francez pe nume Michel de Montaigne, a fost considerat mort, după ce fusese aruncat din șaua unui cal care galopa.

În vreme ce prietenii îl transportau spre casă, Montaigne simțea cum se scurge viața din el, nu traumatic, ci lipsit de consistență, de materialitate, precum un dans al unui duh, doar pentru a-i reveni în ultima secundă posibilă.

Această experiență sublimă și neobișnuită a marcat momentul în care Montaigne și-a schimbat viața. În câțiva ani a devenit unul dintre cei mai cunoscuți scriitori din Europa. După acest accident, Montaigne a început să scrie cărți cu subiecte obișnuite, pe înțelesul tuturor, a fost de două ori primar, a călătorit în întreaga lume ca demnitar și s-a aflat în serviciul regelui, în calitate de confident.

Este o poveste de când lumea. Un om aproape moare, este în șoc și iese din această experiență complet schimbat, în bine.

Așa s-a întâmplat și cu Montaigne. Apropierea de moarte l-a energizat, l-a făcut curios. Moartea nu îl mai speria de acum – faptul că a privit-o direct în ochi l-a eliberat, ba chiar i-a servit drept inspirație.

Moartea nu face viața lipsită de sens, ci mai degrabă plină de semnificații. Și, din fericire, nu e nevoie să fim aproape de moarte pentru a beneficia de această înțelepciune. În eseurile lui Montaigne putem vedea dovada faptului că cineva poate medita despre moarte – a fi conștient de propria noastră mortalitate – fără a fi deprimat sau morbid. De fapt, această experiență i-a dat o relație mai plină de bucurie cu propria viață, un fel de limpezime și de euforie care l-a purtat de la acel moment mai departe. Este încurajator: înseamnă că a îmbrățișa precaritatea propriei noastre existențe poate fi un fapt îmbucurător și benefic.

Teama noastră de moarte este obstacolul din orizontul vieților noastre. Ne influențează deciziile, perspectivele, acțiunile.

Pentru Montaigne, acest moment a rămas marcant. A studiat moartea, a discutat despre ea, a văzut care este locul acesteia în diversele culturi ale lumii. De exemplu, Montaigne a scris odată despre un joc vechi, cu băuturi, în care participanții veneau la rând ținând o pictură a unui cadavru aflat într-un sicriu și tostând: „Bea și bucură-te, pentru că atunci când vei muri vei arăta exact așa“.

Așa cum scria și Shakespeare în *Furtuna*, când deja îmbătrânise, „Fiecare al treilea gând ar trebui să-mi fie mormânt“.

Fiecare cultură are propria modalitate de a ne învăța același lucru: *Memento mori*, după cum spuneau romanii. Amintește-ți că ești muritor.

Pare ciudat să credem că am uitat acest lucru sau că trebuie să ni-l reamintească cineva, dar cu siguranță așa stau lucrurile.

O parte a motivului pentru care avem atâtea dificultăți în a-l accepta este că relația pe care o avem cu existența este total dată peste cap. Poate că nu o spunem, dar ne comportăm în sinea noastră ca și cum am fi invincibili. Ca și cum am fi imuni la încercările și problemele etice. *Genul acesta de necazuri li se întâmplă altora, nu MIE. Eu mai am mult de trăit.*

Uităm cât de fragilă este viața noastră.

Altfel nu am consuma atât de mult timp pe obsesii lipsite de orice valoare sau încercând să devenim celebri, să facem mai mulți bani decât avem cu adevărat nevoie sau făcând planuri pentru viitorul îndepărtat. Toate acestea sunt anulate de moarte. Toate acestea presupun că moartea nu ne va afecta, sau, cel puțin, nu atunci când nu ne dorim. Drumul spre glorie, scria Thomas Gray, nu duce în altă parte decât în mormânt.

Nu contează cine ești sau câte lucruri ai lăsat neterminate, undeva există cineva care te-ar ucide pentru 100 de dolari, sau pentru ceva neînsemnat, sau doar pentru că îi stai în drum. O mașină intră în tine într-o intersecție și te face zob. Asta este. Totul se termină aici. Azi, mâine, în curând.

Este o întrebare clișeu: *Ce aș schimba dacă medicul mi-ar spune că am cancer?* După ce răspundem, ne reconfortăm cu aceeași minciună prefăcută: *Bun, slavă Domnului că nu am cancer.*

Dar avem. Diagnosticul este fără scăpare pentru fiecare dintre noi. Ne este decisă sentința cu moartea. Cu fiecare secundă care trece, probabilitatea de a fi viu și mâine este mai mică, acel ceva va veni și nu îl putem împiedica. Trebuie să fim gata pentru ziua finală.

Să ne amintim seninătatea rugăciunii: dacă ceva este în puterile noastre, merită fiecare picătură de efort și energie. Moartea nu este unul dintre aceste lucruri – nu depinde de noi cât de mult vom trăi sau cum anume ne vom găsi sfârșitul.

Gândindu-ne la acest lucru și fiind conștienți de fragilitatea vieții, obținem perspective și priorități reale. Nu trebuie să fim deprimați. Pentru că gândul de mai înainte este fortifiant.

Din moment ce este adevărat, trebuie să ne și folosim de el. În loc să îl denigrăm – sau, mai rău, să ne temem de el, îl putem accepta.

Amintindu-ne zilnic faptul că suntem muritori ne ajută să ne valorizăm timpul ca pe un cadou. Cineva care are un termen-limită nu își permite să piardă vremea cu încercări imposibile, nu își pierde timpul plângându-se despre cum ar vrea să stea lucrurile.

E nevoie să îți dai seama ce anume trebuie făcut și să rezolvi cât se poate de bine problema, în limita timpului disponibil. Când momentul final a sosit, vei putea spune: *Desigur, mi-ar fi plăcut să am mai mult timp, dar am făcut destule, așa că e bine, totuși.*

Nu e nicio îndoială: moartea este obstacolul cel mai prezent. Este cel împotriva căruia putem face cel mai puțin. În cel mai bun caz putem spera doar să o amânăm – dar chiar și atunci putem da greș, în cele din urmă.

Asta nu înseamnă că viața este lipsită de valoare atât cât trăim. Este mai simplu să stabilim prioritățile pe care le avem, în umbra morții. De ce să faci lucruri greșite? De ce să te temi? De ce să te dezamăgești pe tine sau să îi dezamăgești pe alții? Viața se va sfârși destul de repede: moartea ne dojenește ca să ne ajute să trăim mai corect.

Putem învăța să ne adaptăm și să ținem cont de prezența morții – acest final este cel mai smerit fapt al vieții – și ne găsim alinare înțelegând că nu există nimic la fel de greu în afară de asta.

Și uite așa, dacă până și moartea noastră poate avea un beneficiu, cum să mai spui că nu poți găsi ceva bun în fiecare fapt care ni se întâmplă în viață? Orice obstacol am avea de trecut, nu ne aduce oare și lucruri valoroase?

Fii gata să o iei de la capăt

Cei ce trăiesc în binecuvântare au destinul de partea lor.
Dar noi mergem din ispită în ispită.

VERGILIU

Cea mai importantă lege a naturii este că aceasta nu se oprește niciodată. Nu există sfârșit. Chiar când crezi că ai scăpat de un obstacol, apare un altul.

Dar asta este ceea ce face viața interesantă. Și în vreme ce o iei de la capăt, viața generează noi oportunități.

Viața este procesul de a răzbate prin toate aceste piedici – o serie de linii fortificate pe care trebuie să le cucerim.

De fiecare dată învățăm ceva. De fiecare dată ne dezvoltăm puterea, înțelepciunea, perspectiva. De fiecare dată mai scăpăm de niște competitori care eșuează. Până când tot ceea ce rămâne ești chiar tu: cea mai bună versiune a ta.

Așa cum spune un proverb din Haiti: „În spatele munților sunt alți munți".

Paradisul este un mit. Nimeni nu reușește să depășească obstacolele pentru a intra în tărâmul fără obstacole.

Dimpotrivă, din ce depășești mai multe, din aceea vei avea mai multe de depășit. Întotdeauna sunt alte obstacole, provocări mai mari. Lupți mereu, urcând tot mai sus. Obișnuiește-te cu asta și antrenează-te cât mai bine.

Este important să descoperi că viața seamănă cu un maraton, nu cu o cursă de viteză. Conservă-ți energia. Înțelege că fiecare bătălie este doar una din multele pe care le poți folosi pentru a face următoarea luptă mai ușoară. Mai important este că ar trebui să ai o perspectivă *reală* asupra tuturor.

Depășirea unui obstacol arată doar că meriți mai mult de atât. Universul pare să arunce piedicile înspre tine atunci când vede că le poți înfrânge. Asta este bine, pentru că devenim mai buni după fiecare încercare.

Să nu facem niciodată vâlvă. Să nu ne ieșim din minți. De fiecare dată să ne luptăm și să acționăm creativ. De fiecare dată chibzuit. Niciodată încercând să realizăm imposibilul – ci numai ceea ce se poate cu adevărat.

Nu trebuie să ne mai temem, tocmai din acest motiv. Mai degrabă să fim fericiți, mulțumiți și să anticipăm cu nerăbdare următoarea rundă de luptă.

nu există
SFÂRȘIT

Gânduri de încheiere

Obstacolul devine calea

La finalul domniei sale, bolnav, apropiindu-se de momentul morții, Marcus Aurelius a primit vești surprinzătoare. Vechiul său prieten și cel mai de încredere general de altfel, Avidius Cassius, se răzvrătise în Siria. Auzind că împăratul e vulnerabil sau poate chiar mort, generalul decisese să se autoproclame Cezar și să preia tronul cu forța.

Marcus Aurelius ar fi trebuit să fie furios. Istoria l-ar fi iertat dacă ar fi vrut să își pedepsească exemplar acest dușman, dacă l-ar fi zdrobit pur și simplu pe acest om care îl trădase, care îi amenințase viața, familia, moștenirea. Dar împăratul nu a făcut nimic din toate acestea – mergând până acolo încât să țină ascunse cele aflate în fața trupelor lui, care s-ar fi putut înfuria sau ar fi putut să cadă pradă provocărilor – și a așteptat să vadă dacă, în cele din urmă, Cassius își va veni în fire.

Acest lucru nu s-a întâmplat. Așa că Marcus Aurelius a convocat un consiliu cu toți soldații și a făcut un anunț remarcabil. Vor mărșălui împotriva lui Cassius și se vor bucura de „marele premiu al războiului și al victoriei". Desigur, pentru că vorbim despre Marcus Aurelius, „premiul de război" avea, în acest caz, o semnificație diferită.

Planul hotărât era să-l captureze pe Cassius, dar nu să îl omoare, ci... „să ierte un om care a greșit, pentru a rămâne prieten cu unul care a încălcat legea prieteniei, pentru a fi în continuare prietenul unuia care a depăşit limitele prieteniei, pentru a continua să fie fidel unuia care a încălcat încrederea".

Marcus Aurelius îşi controla percepţiile. Nu era mânios, nu-şi dispreţuia adversarul. Nu ar fi spus niciun cuvânt nepotrivit la adresa acestuia. A ales să nu ia lucrurile personal. Prin urmare a acţionat corect și ferm trimițând trupe la Roma să calmeze spiritele și să facă ce trebuia făcut: să protejeze imperiul, prin eliminarea amenințării la adresa acestuia.

Așa cum le-a spus și soldaților, dacă exista un beneficiu al acestei situații supărătoare, pe care nu și-o dorise nimeni, era „să rezolve problema cât mai bine, pentru a arăta lumii că există o abordare corectă a lucrurilor, chiar și atunci când e vorba de un război civil".

Obstacolul devine calea.

Desigur, asta se întâmplă cel mai adesea, chiar și cele mai bune intenții pot fi zădărnicite de cineva. Atât pentru Cassius, cât și pentru Aurelius, destinul s-a schimbat în momentul în care un asasin l-a ucis pe primul în Egipt, la trei luni de la rebeliune. Visul lui de mărire s-a stins rapid. Dorința inițială a lui Aurelius, de a-l ierta personal pe trădător, s-a stins și ea.

Însă tocmai acest destin a creat o oportunitate și mai bună: aceea de a practica iertarea la o scară mult mai mare. Stoicii obișnuiau să folosească *metafora focului.* Așa cum scria în jurnalul lui, Marcus Aurelius și-a amintit că atunci „când flacăra este mare își devorează materia din care s-a plămădit și o consumă, înălțându-se chiar grație acesteia".

Moartea neașteptată a rivalului lui, care l-a privat pe Marcus Aurelius de intenția de a-i acorda clemență, reprezintă întocmai această metaforă. Împăratul nu va pedepsi de fapt pe nimeni dintre cei implicați. Nu luase nimic la modul personal. Pur și simplu va deveni o persoană mai bună, un conducător mai bun, după toată această poveste.

La scurt timp după moartea lui Cassius, revenit în provincii, a refuzat pedeapsa cu moartea pentru toți conspiratorii. Și-a cedat dreptul de a judeca vreun senator sau guvernator care ar fi plănuit sau susținut rebeliunea. Iar când unii senatori au insistat cu aplicarea unor sentințe maxime pentru a-i pedepsi pe cei implicați în complot, le-a scris, pur și simplu, aceste rânduri: „Vă implor, membri ai senatului, țineți imperiul meu departe de sângele vreunui coleg. Ca și cum nimic nu s-ar fi întâmplat."

Obstacolul devine calea, devine calea.

Tot timpul, iar și iar.

Desigur, este puțin probabil ca să vrea să facă cineva un atac armat asupra tronului nostru în perioada următoare. Numai că oamenii ne vor pune în tot felul de situații neplăcute. Ne vor tăia calea în trafic. Concurența va pune mâna pe afacerile noastre. Vom avea de suferit. Forțe exterioare nouă ne vor încurca. Lucruri rele se vor întâmpla.

Putem schimba asta în avantajul nostru. Mereu.

Este o oportunitate. Mereu.

Și dacă singura noastră șansă atunci când se manifestă avariția cuiva sau setea de putere a altcuiva este – ca și în cazul lui Marcus Aurelius – de a fi o persoană mai bună și de a ne folosi de iertare? Păi, chiar și aceasta ar fi o opțiune destul de bună.

Așa cum cred că ați remarcat deja, acesta este modelul de desfășurare a fiecărei povești din această carte.

Ceva stă în calea cuiva. Persoanele despre care vorbim iau acest impediment ca atare, nu se lasă intimidate. Pentru a învăța din problemele, slăbiciunile sau situațiile create, dau tot ce au mai bun, fizic și intelectual. Chiar și atunci când se gândesc la faptul că nu vor reuși să ducă la îndeplinire planul, fiecare dintre aceste persoane devine mai bună, mai puternică.

Ceea ce ne stă în cale devine chiar calea de urmat.

Ceea ce a împiedicat acțiunea a făcut cumva ca aceasta să meargă și mai departe.

Este o situație care ne inspiră. Care mișcă lucrurile. Este arta de care avem nevoie în viețile noastre.

Nu oricine privește un obstacol – de multe ori aceleași cu care tu sau eu ne confruntăm – ca pe ceva care să îi provoace mânie, disperare. De fapt, unii văd în asta chiar opusul. Ca pe un fel de problemă care conține în ea și soluția. Ca pe o șansă de a-și pune la încercare puterile și de a dobândi forțe noi.

Nimic nu le stă în cale acestor persoane. Ele găsesc, cel mai adesea, drumul spre rezolvare.

Este mult mai convenabil să ai un asemenea mod de a fi, nu-i așa? O asemenea abordare aduce o rază de speranță și o flexibilitate care sunt foarte diferite de ceea ce noi, majoritatea oamenilor, suntem obișnuiți să vedem. Și asta din pricina dezamăgirilor, resentimentelor și a frustrărilor cărora le cădem pradă.

Putem observa lucrurile rele care ni se întâmplă și cu un fel de recunoștință, nu doar cu regret, pentru că le putem preschimba din dezastre în beneficii adevărate, din înfrângeri în victorii.

Soarta nu trebuie să fie fatalistă neapărat. Poate fi la fel de bine un destin măreț.

Nu există o școală dedicată, la care oamenii să poată merge pentru a deprinde aceste învățăminte (cu excepția familiarizării, cu înțelepciunea antică a stoicilor). Nimic din ceea ce au făcut ei nu ne este dincolo de posibilități. Mai degrabă, au descătușat un potențial care se găsește chiar în noi toți. Testați în creuzetul adversității și încercărilor, aceștia au adus la suprafață aceste puteri latente – puterea asupra propriei percepții, asupra acțiunii și voinței.

Prin această triadă ei:

Văd mai întâi cu claritate.
Apoi acționează corect.
Iar în cele din urmă acceptă lumea așa cum este ea.

Să percepem lucrurile așa cum sunt, să nu lăsăm nicio opțiune necercetată, apoi să fim puternici pentru a transforma ceea ce nu poate fi schimbat. Lucrurile decurg unele din altele. Acțiunile ne oferă încrederea pentru a ne ignora sau a ne controla percepțiile. Iar voința este sprijinită prin acțiunile pe care le facem.

Scriitorul și filozoful Nassim Nicholas Taleb definea stoicul ca pe cineva care „transformă teama în prudență, durerea în schimbare, greșelile în instruire, iar dorința în acțiune". Este un ciclu care devine tot mai simplu prin repetare.

Să ne înțelegem, nu spune nimeni să faci totul dintr-odată. Margaret Thatcher a căpătat porecla *Doamna de fier* abia după vârsta de 60 de ani. Este un proverb latinesc: *Vires acquirit eundo* (Devenim mai puternici pe măsură ce înaintăm). Cam așa funcționează. Acesta este mottoul nostru.

Prin perfecționarea acestor trei discipline – percepția, acțiunea, voința – vom obține instrumentele prin care să întoarcem orice obstacol pe dos. Să ne bucurăm de orice și de fiecare încercare.

Desigur, nu e suficient să citești sau să spui aceste lucruri. Ele trebuie puse în practică, întoarse pe toate fețele, analizate și folosite până când devin un fel de memorie activă.

În acest fel, fiind sub presiune și având diverse încercări de soluționat devenim mai buni ca oameni, ca lideri, ca gânditori. Pentru că aceste încercări sau presiuni vor veni fără îndoială. Și nici nu se vor opri vreodată.

Nu te îngrijora, de acum ești pregătit pentru ele. Știi cum trebuie să le faci față, cum să eviți obstacolele și chiar să ai avantaje de pe urma lor. Acum înțelegi care este procesul.

Ești școlit în arta de a stăpâni percepțiile și impresiile. Precum Rockefeller, te simți bine sub presiune, ești imun la insulte și abuzuri. Vezi o oportunitate în cele mai întunecate contexte.

Ești capabil să acționezi cu forță și insistență. Precum Demostene, îți asumi responsabilitatea propriei persoane – te educi, îți compensezi dezavantajele și pretinzi ceea ce ți se cuvine.

Ești puternic și ai o voință de fier. Asemenea lui Lincoln, știi că viața este o încercare. Nu va fi simplu, dar ești pregătit să oferi tot ceea ce este nevoie, gata să înduri, să mergi mai departe, să fii un model pentru alții.

Sunt nenumărați toți practicanții pe care nu îi cunoaștem, dar și ei s-au luptat cu aceleași probleme și obstacole. Această filozofie i-a ajutat să le depășească. Au trecut mai ușor peste ceea ce viața le-a aruncat în cale, ba chiar au prosperat de pe urma lor.

Nu aveau nimic special, nimic din ceea ce nu am putea avea și noi. Ceea ce au făcut a fost simplu (simplu, dar nu ușor). Să mai spunem o dată, doar pentru a ne reaminti:

Să vedem lucrurile așa cum sunt.
Să facem ce putem.
Să suportăm și să îndurăm ceea ce trebuie.

Ceea ce ne blochează drumul devine chiar drumul.
Ceea ce ne împiedică o acțiune ne face să avansăm.
Obstacolul este Calea.

FII PREGĂTIT SĂ
O IEI de la CAPĂT.

postscript

Acum ești filozof. Felicitări

A fi filozof nu înseamnă numaidecât a avea gânduri iscusite, nici măcar a fonda o școală... ci înseamnă să rezolvi probleme ale vieții, nu doar teoretic, ci și practic.

HENRY DAVID THOREAU

Te alături acum lui Marcus Aurelius, Cato, Seneca, Thomas Jefferson, James Stockdale, Epictet, Theodore Roosevelt, George Washington și altora.

Toți aceștia au studiat și au practicat în mod evident stoicismul – știm asta sigur. Nu erau academicieni, ci oameni de acțiune. Marcus Aurelius era împăratul celui mai puternic imperiu din istorie. Cato, un exemplu moral pentru mulți filozofi, nu a scris niciodată vreun cuvânt, dar a apărat Republica Romană cu vitejie stoică și cu prețul vieții. Chiar Epictet, profesorul, nu era vreun bogătaș – fusese un simplu sclav.

Se spune că Frederick cel Mare călătorea cu scrieri stoice în bagaje pentru că acestea puteau, spunea el, să îi fie de ajutor în caz de vreo nenorocire. Montaigne, om politic și eseist, avea un citat din Epictet sculptat în grinda biroului în care și-a petrecut cel mai mult timp. George Washington a fost inițiat în stoicism de vecini, pe când avea 17 ani, iar la un moment dat chiar a montat o piesă despre Cato pentru a-și motiva oamenii, în acea iarnă neagră, la Valley Forge.

Când a murit, Thomas Jefferson avea un exemplar din Seneca pe noptieră. Teoriile economistului Adam Smith referitoare la interconectarea lumii – capitalism – au fost influențate semnificativ de stoicism, pe care l-a studiat în copilărie cu un profesor care tradusese lucrările lui Marcus Aurelius. Eugène Delacroix, renumitul pictor francez al romantismului (cunoscut mai ales pentru lucrarea „Libertatea conducând poporul") era un stoic înflăcărat, spunând despre stoicism că este o religie a consolării. Toussaint Louverture, el însuși fost sclav, care a contestat un împărat, l-a citit pe Epictet și a fost profund influențat de scrierile acestuia. Gânditorul John Stuart Mill a scris despre Marcus Aurelius și despre stoicism în cunoscutul lui studiu, *Despre libertate*, numindu-l cel mai etic produs al gândirii antice.

Scriitorul Ambrose Birce, veteran decorat al Războiului Civil și contemporan cu Mark Twain și H.L. Menchen, obișnuia să îi recomande pe Seneca, Marcus Aurelius și pe Epictet romancierilor aspiranți care îi scriau, spunându-le că trebuie să învețe cum să fii un oaspete demn la masa zeilor. Theodore Roosevelt, după mandatul de președinte, și-a dedicat opt luni explorând (și aproape pierzându-și viața astfel) junglele necunoscute ale Amazonului, iar dintre cele opt cărți cumpărate în această călătorie, două erau ale lui Marcus Aurelius (*Meditații. Gânduri către sine însuși*) și Epictet (*Manualul*).

Beatrice Webb, reformatorul social de origine engleză, care a inventat termenul de negociere colectivă, amintea cu plăcere de *Meditații* ca de un „manual al devotamentului". Dinastia Percy, cunoscută pe plan politic și scriitoricesc era formată din LeRoy Percy, senator, William Alexander Percy, autor al *Lanterns on the Levee,* și Walker Percy, autor al *The Moviegoer.* Aceștia au salvat mii de vieţi în timpul inundaţiilor din 1927 și știm că erau susţinători cunoscuţi ai scrierilor stoice, pentru că, așa cum scria unul dintre ei, „când totul este pierdut, se întâmplă și repede".

În 1908, bankerul, industriașul și senatorul Robert Hale Ives Goddard a donat o statuie ecvestră reprezentându-l Marcus Aurelius pentru Brown University. Cam la opt ani după această donaţie, poetul, dizidentul și prizonierul politic sovietic Iosif Brodski a scris, în celebrul lui articol despre originalul statuii lui Marcus Aurelius din Roma, că „dacă *Meditaţiile* ar fi antichităţi, noi am fi ruinele". Ca și Brodski, James Stockdale a stat în închisoare împotriva voinţei lui – șapte ani și jumătate într-o tabără a Vietcongului, pentru a fi mai preciși. În timp ce se parașutase din avion, Stockdale și-a spus: „Părăsesc lumea tehnologiei și intru în lumea lui Epictet".

Azi, Bill Clinton recitește Marcus Aurelius în fiecare an. Wen Jibao, fost prim-ministru al Chinei, pretindea că *Meditaţii. Gânduri către sine însuși* este una dintre cărţile pe care le ia în călătoriile lui și a citit-o de mai bine de 100 de ori de-a lungul vieţii. Investitorul și autorul de success Tim Ferriss spune despre stoicism că este „sistemul lui de operare" – și, în tradiţia celor de dinaintea lui, a reușit și el să se integreze în Silicon Valley.

Poate că nu te vezi „filozof", dar, încă o dată spun, nici acești oameni nu s-au simţit astfel. Conform oricărei definiţii care chiar contează, ei au fost, totuși, filozofi. Iar acum ești și tu. Ești o persoană de acţiune. Iar filonul Stoicismului trece prin viaţa ta așa cum a trecut și prin a celorlalţi – așa cum a fost și în istorie, uneori explicit, alteori nu.

Esenţa filozofiei este acţiunea – cea care are abilitatea de a transforma în mintea noastră obstacolele cu susul în jos. De a ne ajuta să înţelegem problemele pe care le avem așa cum sunt, într-un context mai larg. De a le vedea *filozofic* și de a *acționa* asupra lor în consecință.

Așa cum am încercat să arăt în carte, și alţii au adoptat cele mai bune practici ale stoicilor, precum și filozofia acestora, chiar fără să știe acest lucru. Persoanele în cauză nu erau scriitori sau literaţi, ci erau oameni obișnuiţi, ca tine.

Totuși, de-a lungul secolelor, acest gen de înţelepciune ne-a fost răpită, înglobată și premeditat ascunsă de egoismul și protecţionismul academic. Acest mediu academic ne-a deposedat de folosirea corectă a filozofiei: aceea de sistem funcţional, pentru dificultăţile și încercările vieţii.

Filozofie nu a însemnat niciodată ceva ce se întâmplă la o sală de curs. A fost un set de lecţii din câmpul de luptă al vieţii.

Traducerea expresiei latine pentru titlul *Enchiridion* – celebra lucrare a lui Epictet – înseamnă „la îndemână“, sau, așa cum spunea cineva, „în mâinile tale“. Pentru acest scop există filozofia: să fie în mâinile tale, să fie o extensie a ta. Nu ceva ce citești o dată și apoi așezi pe un raft. Este făcută, așa cum spunea Marcus Aurelius, să creeze boxeri în loc de scrimeri – pentru a ne putea folosi artileria, trebuie doar să strângem pumnul.

Din fericire, măcar parțiale, prezentul volum a tradus aceste lecţii și te-a înarmat cu ele.

Acum ești filozof și o persoană de acţiune. Iar asta nu este o contradicţie.

listă de lecturi stoice

Stoicismul este probabil singura „filozofie“ în care textele originale, primare sunt mai curate și mai ușor de citit decât orice interpretări scrise după ele. Asta este ceva minunat, pentru că înseamnă că te poţi introduce în subiect și poţi merge direct la sursa lui. Cred cu tărie că oricine este în stare să îi citească pe acești autori foarte accesibili. Mai jos găsiţi recomandările mele care se referă deopotrivă la traduceri sau la textele originale, care merită atenţia dumneavoastră:

Meditații. Gânduri către sine însuși – Marcus Aurelius

Scrisori către Lucilius, vol. 1 și vol. 2 – Seneca

Manualul și *Diatribele* – Epictet.

alte cărți și autori

Știu că poate părea exagerat, dar sfatul meu sincer este să ocoliţi majoritatea celorlalte cărţi **despre** stoicism (le-am citit) cu o singură excepţie: cele scrise de Pierre Hadot.

În vreme ce toate celelalte volume academice sau de popularizare scapă din vedere esenţialul sau complică inutil lucrurile, Hadot le limpezește. Comentariile lui la Marcus Aurelius, pe care le face în volumul *The Inner Citadel* – acelea conform cărora Marcus Aurelius nu a scris niște argumente academice asupra universului, dar a creat o serie de exerciţii practice pe care chiar el le-a și pus în practică – a fost un mare pas înainte. În volumul *Philosophy as a Way of Life*, explică bine cum folozofia a fost în mod greșit văzută ca un lucru despre care oamenii vorbesc, mai degrabă decât îl aplică. Dacă intenţionezi să intri în domeniul filozofiei, Hadot este autorul pe care să îl citești. De asemenea, traducerile lui în engleză din Seneca, Marcus Aurelius și Epictet sunt bune și trebuie citite.

Câţiva alţi mari autori/filozofi de citit – mai ales volumele lor de maxime și aforisme, care sunt în acord cu multe dintre conceptele stoice:

Heraclit
Plutarh
Socrate
Cicero
Montaigne
Arthur Schopenhauer

articole și resurse web despre stoicism

http://www.fourhourworkweek.com/blog/2009/04/13/stoicism-101-a-practical-guide-for-entrepreneurs/

http://www.fourhourworkweek.com/blog/2012/10/09/stoicism-for-modern-stresses-5-lessons-from-cato/

http://www.fourhourworkweek.com/blog/2011/05/18/philosophy-as--personal-operating-system-from-seneca-to-musashi/

http://www.newstoa.com/
(registru stoic online)

http://www.reddit.com/r/Stoicism
(forum pentru stoicism pe site-ul Reddit)

http://www.youtube.com/watch?v=nLD09Qa3kMk
(un curs excelent despre stoicism)

http://philosophy-of-cbt.com/
(probabil cel mai bun blog de stoicism)

http://ed.ted.com/on/JQxh4veu
(conferința TED a celui mai de seamă scriitor stoic modern Jules Evans)

recomandări de lectură

Această carte și poveștile din ea sunt rezultatul cărților cu care am fost destul de norocos să mă întâlnesc în viață. Lunar decantez ceea ce am citit în scurte e-mailuri de recomandări, pe care le trimit cercului meu de amici și cunoștințe. O listă care inițial avea cam 40 de oameni are acum circa 10 000 în întreaga lume. Una peste alta, am recomandat sau discutat despre circa 1 000 de cărți cu ei în ultimii 5 ani.

Dacă vrei să te alături și tu acestui grup și să primești sugestiile noastre, atunci fă-ţi un cont aici http://ryanholiday.net/Reading-Newsletter/.

Sau pur și simplu trimite-mi un mail la ryan.holiday@gmail.com și spune-mi unde vrei să primești e-mailul (specifică la subiect Reading List în titlul e-mailului).

Bibliografie Selectivă

Alinsky, Saul, *Rules for Radicals*, Vintage, New York, 1989

Aurelius, Marcus, *Gânduri către sine însuși / Ta eis heauton*, trad. și note de Cristian Bejan, Editura Humanitas, București, 2013

Aurelius, Marcus, *Meditations*, trad. Gregory Hayes, Modern Library, New York, 2002

Bakewell, Sarah, *How to Live: Or a Life of Montaigne in One Question and Twenty Attempts at an Answer*, Other Press, New York, 2010

Becker, Gavin de, *The Gift of Fear and Other Survival Signals That Protect Us from Violence*, Dell, New York, 1999

Bell, Madison Smartt, *Toussaint Louverture: A Biography*, Pantheon, New York, 2007

Bonforte, John, *The Philosophy of Epictetus*, Literary Licensing, LLC, 2011

Brodsky, Joseph, *On Grief and Reason: Essays*, Farrar, Straus and Giroux, New York, 1995

Carroll, Paul B. și Chunka Mui, *Billion Dollar Lessons: What You Can Learn from the Most Inexcusable Business Failures of the Last 25 Years*, Portfolio Trade, New York, 2009

Chernow, Ron, *Titan: The Life of John D. Rockefeller*, Sr. Random House, New York, 1998

Cicero, Marcus Tullius, *On the Good Life* (Penguin Classics), trad. Michael Grant, Penguin, New York, 1971.

Cohen, Herb, *Arta de a negocia*, trad. Ciprian Saucan, Editura Humanitas, București, 2013

Cohen, Rich, *The Fish That Ate the Whale: The Life and Times of America's Banana King*, Farrar, Straus and Giroux, New York, 2012

Critchley, Simon, *The Book of Dead Philosophers*, Vintage, New York, 2009

Dio, Cassius, *The Roman History: The Reign of Augustus*, Penguin, New York, 1987

Doyle, Charles Clay, Wolfgang Mieder și Fred R. Shapiro, *The Dictionary of Modern Proverbs*, Yale University Press, New Haven, 2012

Earhart, Amelia, *The Fun of It: Random Records of My Own Flying and of Women in Aviation*, ediție reprint, Academy Chicago Publishers, Chicago, 2000

Emerson, Ralph Waldo, *Nature and Selected Essays*, Penguin, New York, 2003

Epictet, *Manualul*, trad. Ioana Costa, Editura Seneca Lucius Annaeus, București, 2016

Epicur, *Epicur și epicureismul antic. Viața și opera lui Epicur*, fragmente doxografice, interpretare, note, trad. Andrei Cornea, Centrul de Editare și Traducere „Traditio" al Universității „Alexandru Ioan Cuza", Iași 2016

Evans, Jules, *Filozofie pentru viață și alte situații periculoase*, trad. Dan Crăciun, Editura Publica, București, 2013

Everitt, Anthony, *The Rise of Rome: The Making of the World's Greatest Empire*, Random House, New York, 2012

Feynman, Richard P., *Vă țineți de glume, domnule Feynman! Aventurile unui personaj ciudat*, trad. Victor Bârsan, Editura Humanitas, București, 2013

Frankl, Viktor E., *Omul în căutarea sensului vieții*, trad. Silvian Guranda, Editura Meteor Press, București, 2009

Fraser, David, *Knight's Cross: A Life of Field Marshal Erwin Rommel*, Harper Perennial, New York, 1994

Fronto, Marcus Cornelius, *Marcus Cornelius Fronto: Correspondence, I*, trad. C.R. Haines, Harvard University Press, Cambridge, 1919

Goodman, Rob și Jimmy Soni, *Rome's Last Citizen: The Life and Legacy of Cato, Mortal Enemy of Caesar*, Thomas Dunne Books, New York, 2012

Graham-Dixon, Andrew, *Caravaggio: A Life Sacred and Profane*, W.W. Norton, New York, 2012

Grant, Ulysses S., *Ulysses S. Grant: Memoirs and Selected Letters: Personal Memoirs of U.S. Grant/Selected Letters, 1839–1865*, Library of America, New York, 1990

Greenblatt, Stephen, *Will in the World: How Shakespeare Became Shakespeare*, Norton, New York, 2005

Greene, Robert, *Succes și putere. 48 de legi pentru a reuși în viață*, Editura Teora, București, 2015

———. *33 Strategies of War*, Penguin, New York, 2007

———. *Mastery*, Viking Adult, New York, 2012

Greene, Robert și 50 Cent, *The 50th Law*, Harper, New York, 2009

Greitens, Eric, *The Heart and the Fist: The Education of a Humanitarian, the Making of a Navy SEAL*, Houghton Mifflin Harcourt, New York, 2011

Hadot, Pierre, *The Inner Citadel: The Meditations of Marcus Aurelius*, trad. Michael Chase, Harvard University Press, Cambridge, 2001

———. *Philosophy as a Way of Life: Spiritual Exercises from Socrates to Foucault*, trad. Arnold Davidson, Wiley-Blackwell, Malden, 1995

———. *What Is Ancient Philosophy?*, trad. Michael Chase, Harvard University Press, Cambridge, 2004

Haley, Alex, *The Autobiography of Malcolm X: As Told to Alex Haley*, Ballantine Books, New York, 1987

Hart, B.H. Liddell, *Strategy*, Penguin, New York, 1991.

Heraclitus. Fragments (Penguin Classics), trad. Brooks Haxton, Penguin, New York, 2003

Hirsch, James S., *Hurricane: The Miraculous Journey of Rubin Carter*, Houghton Mifflin Harcourt, New York, 2000

Isaacson, Walter, *Steve Jobs. Biografia autorizată*, trad. Mihaela Sofonea, Editura Publica, 2012

John, Tommy cu Dan Valenti, *TJ: My 26 Years in Baseball*, Bantam, New York, 1991

Johnson, Jack, *My Life and Battles*, edit. și trad. Christopher Rivers, Potomac Books, Washington, DC, 2009

Johnson, Paul, *Churchill*, Viking, New York, 2009

———. *Napoleon: A Life*, Viking, New York, 2002

Johnson, Samuel, *The Witticisms, Anecdotes, Jests, and Sayings, of Dr. Samuel Johnson, During the Whole Course of His Life*, Gale ECCO Press, Farmington Hills, MI, 2010

Josephson, Matthew, *Edison: A Biography*, Wiley, New York, 1992

Kershaw, Alex, *The Liberator: One World War II Soldier's 500-Day Odyssey from the Beaches of Sicily to the Gates of Dachau*, Crown, New York, 2012

Lickerman, Alex, *The Undefeated Mind: On the Science of Constructing an Indestructible Self*, HCI, Deerfield Beach, 2012

Lorimer, George Horace, *Old Gorgon Graham: More Letters from a Self-Made Merchant to His Son*, Cosimo Classics, New York, 2006

McCain, John și Mark Salter, *Faith of My Fathers: A Family Memoir*, HarperCollins, New York, 1999

McPhee, John, *Levels of the Game*, Farrar, Straus and Giroux, New York, 1979

———. *A Sense of Where You Are: Bill Bradley at Princeton*, Farrar, Straus and Giroux, New York, 1999

Marden, Orison Swett, *An Iron Will*, Wilder Publication, Radford, VA, 2007

———. *How They Succeeded: Life Stories of Successful Men Told by Themselves*, Forgotten Books, Hong Kong, 2012

Meacham, Jon, *Thomas Jefferson: The Art of Power*, Random House, New York, 2012

Millard, Candice, *The River of Doubt: Theodore Roosevelt's Darkest Journey*, Doubleday, New York, 2005

———. *Destiny of the Republic: A Tale of Madness, Medicine and the Murder of a President*, Doubleday, New York: 2011

Montaigne, Michel de, *The Essays: A Selection*, trad. M.A. Screech, Penguin, New York, 1994

Morris, Edmund, *The Rise of Theodore Roosevelt*, Random House, New York, 2010

Musashi, Miyamoto, *Cartea celor cinci cercuri*, trad. Neculai Amalinei, Editura Polirom, Iași, 2016

Oates, Whitney J., *The Stoic and Epicurean Philosophers: The Complete Extant Writings of Epicurus, Epictetus, Lucretius, Marcus Aurelius*, Random House, New York, 1940

Paul, Jim și Brandon Moynihan, *What I Learned Losing a Million Dollars*, Columbia University Press, New York, 2013

Percy, William Alexander, *Lanterns on the Levee: Recollections of a Planter's Son*, LSU Press, Baton Rouge, 2006

Plutarch, *The Makers of Rome: Nine Lives* (Penguin Classics), trad. Ian Scott-Kilvert, Penguin, New York, 1965

———. *On Sparta* (Penguin Classics), trad. și edit. Richard J.A. Talbert, Penguin, New York, 2005

———. *Essays*, edit. Ian Kidd, trad. Robin H. Waterfield, Penguin, New York, 1993

Pressfield, Stephen, *The War of Art: Winning the Inner Creative Battle*, Rugged Land, New York, 2002

———. *Turning Pro: Tap Your Inner Power and Create Your Life's Work*, Black Irish Entertainment, New York, 2012

———. *The Warrior Ethos*, Black Irish Entertainment, New York, 2011

Ries, Eric, *The Lean Startup, Cum antreprenorii din ziua de azi se folosesc de inovația continuă pentru a crea afaceri de succes*, trad. Dan Bălănescu, Editura Publica, București, 2013

Roosevelt, Theodore, *Strenuous Epigrams of Theodore Roosevelt*, HM Caldwell, New York, 1904

Sandlin, Lee, „Losing the War", Chicago Reader, 6 martie, 1997

———. *Storm Kings: The Untold History of America's First Tornado Chasers*, Pantheon, New York, 2013

Schopenhauer, Arthur, *Lumea ca voință și reprezentare*, trad. Radu Gabriel Pârvu, Eitura Humanitas, București, 2012

———. *The Wisdom of Life and Counsels and Maxims*, trad. T. Bailey Saunders, Prometheus Books, Buffalo, 1995
Scott-Maxwell, Florida, *The Measure of My Days*, Penguin, New York, 1979
Sellars, John, *Stoicism*, University of California Press, Berkeley, 2006
Seneca, Lucius Annaeus, *Rămâi cu bine*, trad. Ioana Costa, Editura Seneca Lucius Annaeus, București, 2014
Seneca, Lucius Annaeus, *Scrisori către Lucilius*, vol. 1, trad. Ioana Costa, Editura Seneca Lucius Annaeus, București, 2014
Seneca, Lucius Annaeus, *Scrisori către Lucilius*, vol. 2, trad. Ioana Costa, Editura Seneca Lucius Annaeus, București, 2014
Seneca, Lucius Annaeus, *Alt timp nu am. Despre scurtimea vieții. Despre viața fericită*, trad. Ioana Costa, Vichi-Eugenia Dumitru, Ștefania Ferchedău, Editura Seneca Lucius Annaeus, București, 2014
Shenk, Joshua Wolf, *Lincoln's Melancholy: How Depression Challenged a President and Fueled His Greatness*, Houghton Mifflin Harcourt, New York, 2005
Sherman, William Tecumseh, *Memoirs of General W.T. Sherman* (Library of America), Library of America, New York, 1990
Simpson, Brooks D., *Ulysses S. Grant: Triumph Over Adversity, 1822–1865*, Houghton Mifflin Harcourt, New York, 2000
Smiles, Samuel, *Self-Help*, University of California Libraries, Berkeley, 2005
Smith, Jean Edward, *Eisenhower in War and Peace*, Random House, New York, 2012
Stockdale, James B., *Courage Under Fire: Testing Epictetus's Doctrines in a Laboratory of Human Behavior*, Hoover Institution Press, Stanford, 1993
Taleb, Nassim Nicholas, *Lebăda neagră. Impactul foarte puțin probabilului*, trad. Viorel Zaicu, Curtea Veche Publishing House, București, 2010
———. *Antifragil. Ce avem de câștigat de pe urma dezordinii*, trad. Cornelia Dumitru, Curtea Veche Publishing House, București, 2014

Taliaferro, John, *All the Great Prizes: The Life of John Hay, from Lincoln to Roosevelt*, Simon & Schuster, New York, 2013

Vasari, Giorgio, *The Lives of the Most Excellent Painters, Sculptors, and Architects* (Modern Library Classics), edit. Philip Jack, trad. Gaston du C. de Vere, Modern Library, New York, 2006

Virgil, *The Aeneid*, trad. Robert Fagles, Penguin, New York, 2010

Washington, George, *Washington on Courage: George Washington's Formula for Courageous Living*, Skyhorse Publishing, New York, 2012

Watson, Paul Barron, *Marcus Aurelius Antoninus*, Harper & Brothers, New York, 1884

Wilder, Laura Ingalls, *Writings to Young Women from Laura Ingalls Wilder*, vol. II: *On Life as a Pioneer Woman*, edit. Stephen W. Hines, Tommy Nelson, Nashville, 2006

Wolfe, Tom, *A Man in Full*, Farrar, Straus and Giroux, New York, 1998

———. *The Right Stuff*, Picador, New York, 2008

Xenophon, *Xenophon's Cyrus the Great: The Arts of Leadership and War*, edit. Larry Hedrick, Truman Talley Books, New York, 2006

cuprins

CONTINUĂ TU →

percepția

acțiunea

voința